JN219614

こんなところでつまずかない！

労働事件
21のメソッド

東京弁護士会 親和全期会
編著

第一法規

はしがき

この本を手に取られた登録から間もない弁護士は、労働事件についてどのようなイメージを持っているでしょうか。法科大学院や司法試験で労働法について重点的に取り組んだので経験を積んでもっと理解を深めていきたい、所属している法律事務所との関係で労働事件の取扱いの機会になかなか恵まれないけれども労働事件には関心はある、労働法の重要性は意識しているものの特殊な専門分野というイメージなのでどうしても敬遠してしまう…、など様々ではないでしょうか。

ご承知のとおり、労働分野では、従前は、産業別、企業別に組織されていた労働組合の加入率の低下等を背景として、数十年前に花形とされていた集団的労使紛争はすっかり減少し、解雇・雇止め問題、残業代請求、各種ハラスメントに基づく損害賠償請求等の個別労働関係紛争が、我々弁護士が対応する労働事件の中心となっています。そして、長時間労働の抑制、ワークライフバランスの確保、働き方による格差解消、各種ハラスメント撲滅による就労環境の適正化等を柱とする「働き方改革」が政府主導の下で推し進められている昨今、労働法への国民一般の関心は高まっています。他方、これに伴い、労働者の権利意識も高まりを見せており、今後、労働事件、労働法関連の相談は劇的に増加すると思われます。

そうすると、労働事件についてどのようなイメージを持っているかにかかわらず、依頼者からの相談に対し事案を適切に見通し、的確な方針を立て、あるいは助言を行うことが必要であり、労働法に関して無関心であることはもちろん、研鑽を絶やすことはせっかくの事件受任の機会を逃してしまうことにもつながりかねません。

先輩弁護士がどのようなやり方で仕事を進めているか、どのような点に留意しているか等の新人弁護士の素朴な疑問やニーズに応えようとしたのが「21のメソッド」シリーズです。弁護士登録後、間もない新人弁護士がお手本にできる先輩弁護士は、多くの場合、事務所のボス弁や兄弁・姉弁等の身近にいる弁護士ですし、ボス弁が１名の個人事務所やいわゆるイソ弁が１、２名ほどの小規模事務所の場合には、新人弁護士がお手本にできる先輩弁護士が限られていることもあるでしょう。まして、最近では、弁護士登録後、直ちに法律事務所を経営するいわゆる「即独」の道を歩む新人弁護士も少なくありませんが、その場合には、お手本にできる身近な弁護士がいない厳しい状態の下で弁護士としてのスキルを向上させることが求められます。

また、昨今、弁護士が取り扱う業務の範囲や事件対応に要求される水準も日増しに広範かつ高度になっており、限られた先輩弁護士の仕事に関わることはもちろん、経験の乏しい状態で難解な事件に取り組むことは、新人弁護士が弁護士としてのキャリアをスタートさせる場合に過大な負担を背負うことになりかねません。

本書は、多くの弁護士が扱う「労働事件」をテーマとして、労働事件を扱う場合に弁護士が直面する様々な問題点について、日頃から労働事件に関与し、豊富な経験を持つ中堅・若手の弁護士が実際の経験を踏まえて具体的に記述した書籍であり、実践的な内容に富んでいます。本書は執筆を担当した中堅・若手の弁護士が実際に積み重ねた経験やノウハウを示したものとしてご理解いただければ幸せです。本書が、今後、労働事件に携わる新人弁護士にとって参考になることを期待しています。

本書の執筆・編集を担当したのは、いずれも親和全期会に所属する弁護士です。親和全期会は、東京弁護士会に所属する会派である法曹親和会に属する弁護士のうち、司法修習修了後15年未満の中堅・若手弁護士によって構成される団体であり、現在、所属弁護士は1000名を超えています。親和全期会では、弁護士業務に関する研修会・講演会や会員間の親睦を深める様々な行事の開催、書籍の執筆・出版のほか、日本弁護士連合会や東京弁護士会などに関する会務や政策への取組み等の様々な活動を行っています。親和全期会の弁護士は、このような活動を通じて所属事務所の枠を超えて他の多くの弁護士と交流し、情報や悩みを共有し、日々切磋琢磨しています。

親和全期会の活動を担う若手・中堅弁護士は、いずれも創意工夫を重ねて弁護士としての活動領域を拡大し、また、業務の質の向上に熱心に取り組んでいます。そのような創意工夫の一端が本書を手に取られた読者のみなさんの一助になれば、望外の喜びです。

最後に、本書の出版にあたっては、第一法規株式会社出版編集局編集第一部の池田将司氏、及び宗正人氏、河田愛氏に大変お世話になりました。厚く御礼申し上げる次第です。

平成31年1月

東京弁護士会 親和全期会
平成30年度代表幹事
弁護士　　楠本維大

こんなところでつまずかない！
労働事件21のメソッド

目次 Contents

本書中の体験談は、執筆者自身の経験や他の弁護士へのインタビュー等を元に内容を再構成したものです。各体験談冒頭のプロフィールは、必ずしも各執筆者のプロフィールと一致するものではありません。

凡例

裁判例には、原則として判例情報データベース「D1-Law.com判例体系」（https://www.d1-law.com）の検索項目となる判例IDを〔　〕で記載しています。

例：最一小判平成30年7月19日労判1186号5頁〔28263272〕

民集	最高裁判所民事判例集
判時	判例時報
労判	労働判例
労経速報	労働経済判例速報

本文中に記載されている他の製品名及びサービス名は、各社の登録商標、商標又は商品名です。なお、本文中ではこれらについて®、TMなどのマークを省略しています。

本書は2018年11月までに公表されている内容によっています。

Method
01 労働者性

▸ 勝負のわかれ目、「労働者」性

――労働契約法や労働基準法の諸々の規制の適用範囲は、「労働者」性の有無によって画される。労働問題に関する事件では、まず依頼者が「労働者」か否かを判断する必要があるケースも多い。

「労働者」・「労働契約」の定義

労働契約法上、労働者は「使用者に使用されて労働し、賃金を支払われる者」（労働契約法２条１項）と定義され、労働契約は「労働者が使用者に使用されて労働し、使用者がこれに対して賃金を支払うことについて、労働者及び使用者が合意することによって成立する」と規定されています（労働契約法６条）。

労働基準法は、同法の保護対象者である「労働者」について、「事業……に使用される者で、賃金を支払われる者」（労働基準法９条）と定義しています。

労働基準法では事業に使用されることが加重的要件とされていることを除けば、両法の労働者・労働契約概念は基本的には同一であると解されます。労働者が他人の指揮命令下で（使用されて）労働を行う関係は、民法の典型契約の中では「雇用」がこれにあたるのが通常です。

「個人事業主」と「労働者」

保険会社や証券会社の外務員等の契約は「雇用」ではなく、「委任」又は「請負」の形式がとられることがあり、また、建設業における一人親方の職人や運送業務従事者等も個人事業主として「委任」又は「請負」の取扱いがなされるケースが多くみられます。

このような委任契約・請負契約による労務提供者が「労働者」か否かは、契約の形式（文言）によって決められるのではなく、「使用され」「賃金を支払われている」という実態（労働契約関係・使用従属関係）の有無によって決せられることになります。

その判断にあたっては、裁判例や労働基準の監督行政においては、次の昭和60年の旧労働省の労働基準法研究会の報告を参考に労働者該当性を判断しています。

① 使用従属性に関する基準

Ⅰ 「指揮監督下の労働」に関する判断基準

ⅰ 仕事の依頼、業務従事の指示等に対する諾否の自由の有無

ⅱ 業務遂行上の指揮監督の有無

(a) 業務の内容及び遂行方法に対する指揮命令の有無

(b) その他

ⅲ 拘束性の有無

ⅳ 代替性の有無－指揮監督関係の判断を補強する要素－

② 「労働者性」の判断を補強する要素

Ⅰ 事業者性の有無

ⅰ 機械、器具の負担関係

ⅱ 報酬の額

ⅲ その他

Ⅱ 専属性の程度

Ⅲ その他

昭和60年12月19日、旧労働省「労働基準法研究会報告（労働基準法の「労働者」の判断基準について）」の一部を要約。

「使用」関係が認められるケースの典型は、仕事依頼に対する諾否の自由がなく、業務の内容や遂行の仕方について指揮命令を受け、勤務の場所や時間が規律され、業務遂行を他人に代替させ得ないといった場合でしょう。「賃金」性に関しては、これらの事情に加えて、額、計算方法及び支払形態等を検討することになり、給与所得としての源泉徴収の有無、雇用保険・厚生年金・健康保険等の保険料徴収の有無並びに経費処理の方法等も賃金性の判断において参考となります。

なお、「労働者」性が問題となる類型としては、他にも、「経営者（役員）」と「労働者（従業員）」の線引きの問題や、専門的裁量的労務提供者の「労働者」性の問題等が挙げられます。

労働組合法上の「労働者」

以上は、労働基準法の「労働者」性に関する議論であり、こちらを本稿の主題としますが、労働組合法上の「労働者」性についても議論があり、労働基準法上のそれとは異なるものであることにはご注意ください。労働組合法の「労働者」については、労働組合による団体交渉を助成するための同法を及ぼすべき者はいかなる者かという観点で判断され、広い意味での経済的従属性で足りると考えられています。裁判例もコンビニエンスストアのフランチャイズ契約を締結している加盟者等労働基準法上は「労働者」と言いがたい者についても「労働者」性を認めているものがあります。

体験談1

「労働者」性をめぐる事件は怖い

弁護士4年目　女性　労働者側

組合員に残業代は支払われない?

労働者性に関する紛争は、労働基準法の適用があるか否かという、そもそも論をめぐる紛争であるため、判決まで行くと極端な結論になってしまうことが多い類型です。

訴訟の過程において、裁判官の心証が180度変わってしまうこともあり、和解による解決が望ましい事件の1つかと思います。

私は、ある協同組合に所属していた組合員から、未払残業代の相談を受けました。割増賃金額を計算して、組合側に残業代の支払いを求める通知書を送ると、組合側から、組合員に残業代は発生しないとの返答がありました。

組合側の言い分は、組合では、組合員全員の話合いにより業務の運営方針や報酬分配額を決定しているので、個々の組合員は、組合の一員として組合の運営に関与しており、労働基準法9条の「労働者」には該当しない、というものでした。

他方、組合では、組合員の賃金は給与所得として処理され、組合員は「労働者」として社会保険にも加入していました。そのため私は、残業代がゼロなのはおかしいという思いから、訴訟に踏み切りました。

「え、裁判官の心証が変わった」

裁判は、合議体で審理されることになりました。

争点整理では、依頼者（組合員）の労働者性が肯定されることを前提として、主に時間外労働の有無を中心に争点整理がなされました。審理過程の裁判官の心証開示でも、労働者性については特段意見が述べられなかったため、こちらに有利に事件は進行していると考えていました。

ところが、裁判官が途中で交代すると、雲行きが怪しくなりました。

組合側からは、依頼者も参加した会議の議事録が大量に証拠として出され、その中には、組合の運営方針や組合員全員の報酬（給料）の配分方法をめぐり、組合員全員で会議を行った際の議事録等もありました。

裁判官の心証開示でも、裁判官は、組合員の労働者性についていろいろな考え方がある旨の意見を述べており、心証が転換するかもしれないとの話さえしていました。

私は、このままだとマズいと思い、依頼者との協議のうえ、和解を選択することにしました。

最後に

労働者性をめぐる事件は、労働基準法・労働契約法が適用されるか否かという、法律の入り口論における問題であり、その認定にあたっての判断要素も多岐にわたることから、解決の予測が非常につきづらい事件類型の１つかと思います。

労働者側で相談を受けた際には、和解の可能性についても十分検討したうえで、事件解決にあたるべきかと思います。

体験談 2

私は「労働者」？

弁護士３年目　男性　労働者側

給料の天引きが不満

弁護士会の法律相談で、新聞や雑貨の運送の仕事をしている甲さんから、給料が一部天引きされていることが不満で、契約期間前に仕事を辞めたところ、高額の違約金の請求を受けたという相談を受けました。

契約書を見ると、表題は業務委託契約書となっており、約定の報酬から諸経費を控除した金額が支給されるとの条件や、約定の業務日数を休んだ場合は理由を問わず日額２万円の罰則が設けられており、また、契約締結日から２年間は契約を解除できないとの定めがありました。

会社側は、これらの約定を根拠に、契約締結日から約１年で仕事を辞めた依頼者甲さんに対して約800万円の違約金を請求したということでした。

「労働者」であれば……

労働法上の問題としては、甲さんは「労働者」にあたるのでないかという点を検討する必要があります。甲さんが「労働者」であれば、労働基準法や労働契約法をはじめとする労働法規の規律の適用を受けることになります。そうすると、賃金の全額払い原則（労働基準法24条１項）に従うことになりますし、損害賠償額の予定も禁止されます（同法16条、119条１号）。

判断要素の検討

ご存知のとおり、「労働者」性は、契約形式のいかんにかかわらず、労働の実態として、使用従属性の有無及び報酬の労務対償性等の要素を総合考慮して判断され、相当の数の裁判例が集積されています。

甲さんの業務は、会社がクライアントから受注した運送契約につき、会社から指示された日時に運送するというものでした。運送の際は、会社から賃借する車両を使用し、制服も指定されており、挨拶や配送先への架電時のやり取りに関しても、詳細なマニュアルが定められていました。また、配送品の数量及び報酬額は、会社の受注内容に応じてあらかじめ決まっており、甲さんの努力や裁量で増減できるものではありませんでした。

私は、甲さんは「労働者」であると考え、会社側に、これまでの天引き控除額相当の未払賃金の支払いとともに、会社の甲さんに対する損害賠償請求権の不存在の確認を求めて、交渉の場をもちました。

労働基準法違反には刑罰もある！

会社側としては、受託者側から争われた場合には、契約書の内容どおりの定めが必ずしも有効であるとは考えていなかったのか、交渉はすんなりと進み、会社から請求額の一部の支払いを受け、当事者間の権利義務関係を清算する形で合意に達しました。

会社側としては、このケースで問題となったような契約条件であっても、全ての受託者が法的に争うわけではないため、全体からみると労働法規の規律に従った条件で従業員を雇用するよりも人件費等を抑えられるという判断があったのかもしれません。しかし、労働基準法には罰則規定も設けられており、あまりに悪質なケースでは、民事上の問題にとどまらず、刑事事件に発展する可能性もあります。このケースを通じて、顧問先会社に労働関係のみならずコンプライアンスの重要性をアドバイスすることの重要性を実感しました。

体験談3

気を付けろ！　税務の罠

弁護士5年目　女性　使用者側

税務でも争いとなり得る労働者性

「労働者」性が争いとなる場面については、従業員との関係や労働基準監督署との関係が主として思い浮かびますが、実は税務署との関係で争いとなることもあります。

私は、普段から懇意としている税理士から、「スーパーでソーセージなどを販売するデモンストレーションを行う者を手配する業務を行っている依頼者が税務調査を受けた際に、業務委託契約を締結していた販売員との法律関係が、雇用契約にあたるのではないかといわれ、追徴課税を迫られているのだが、当事者間の関係が雇用契約には該当しないという意見書を税務署宛てに作成してもらえないか」という相談を受けたことがあります。

業務委託の受任者への報酬の支払いについては、消費税法2条1項12号に規定する「課税仕入れ」に該当しますが、労働契約上の労働者に対する支払いは、所得税法28条1項に規定する「給与」に該当します。調べてみると、所得税法における「雇用契約」と労働基準法上の「労働契約」とは同一概念であるといわれており、判例も両者について同じ基準を当てはめて結論を導いていました。

この事案で難しかったのは、委託内容が物品の販売であり一見して受任者側に高度な裁量があるとはいえない点、また業務の性質上販売場所や開始時間、報告方法などについては最低限決められており、委託者側からの指示があったこと、及び依頼者が取引先との契約書の中に販売員が同社の従業員であるとの表現があったことなど、依頼者側に不利な事情もある一方で、受任者は依頼者からの業務の依頼を断る自由があり、販売中のパフォーマンス内容、休憩時間のとり方について受任者が自由に決めることができ、さらに販売物が全て売り切れた場合には受任者は帰宅することができるなど労働者性を否定する要素も多数あったことです。

この件について、私は税務署に対する意見書の作成の依頼を受け、意見書を作成し、税務署に提出しました。税理士もこの意見書を前提に税務署と交渉をしましたが、交渉では税務署の判断を変えるには至りませんでした。その後、依頼者は、税務調査専門の税理士に新たに依頼し、裁判になってでも、戦うと言っていたそうですが、その後どうなったかについてはわかりません。

税理士と弁護士が早期に協力し合えることが理想

税理士としては、業務委託か雇用かの判断が微妙な事案においては、依頼者の税務負担が軽い方を提案することは、当然です。しかも、私が相談を受けた税理士は事前に税務署にも照会をしたうえで、今まで税務処理をしていたとのことでした。

それでも、やはり、税務署の調査や裁判になった場合に備えて、普段からどのような点に注意すべきかについては、弁護士がアドバイスできる方が望ましいので、依頼者が事業を開始する段階で税理士と連携できる体制を整えていけるのが理想ですが、なかなかその段階で税理士のみでなく、弁護士に相談される方はいないのが悩ましいところだと感じた事案でした。

ワンポイントアドバイス

「労働者」か否かによって、残業代の問題や解雇規制等の労働契約法や労働基準法の規定の適用が画されることになります。労働者側としては、これらの問題を俎上に載せる前提として「労働者」性が肯定されると主張することになると思います。「労働者」性の判断要素は多岐にわたり、判決となった場合の予測が困難なケースも多々ありますが、相当数の裁判例が集積している論点ですので、受任した事件と似た事案で参考となる裁判例があるかもしれません。

一方、企業としては労働契約関係ではないと考えていた契約が、法的には労働契約であるという場合、民事上の問題だけでなく、労働基準法の罰則規定の適用の問題や税法上の問題を招来することもありますので、注意が必要です。

□ 勤務弁護士は「労働者」？

仮に勤務弁護士が労働基準法（≒労働契約法）の「労働者」に該当すれば、解雇権濫用の法理（労働契約法16条）、留学費用の退職時の返還約定の有効性（労働基準法16条）、賃金の支払（同法24条）、労働時間に関する規制（同法32条以下）、有給休暇（同法39条）、母性保護（同法65条以下）、就業規則の整備（同法89条以下）、労災補償（同法75条以下、労働者災害補償保険法）等の保護規定等が適用されます。また、採用側は、法定事項を明示した書面を交付しなければならなくなります（労働基準法15条1項前段、労働基準法施行規則5条1項）。

勤務弁護士は、「労働者」に該当するでしょうか。

この点、「勤務弁護士」と一口に言っても、採用側の法人格等（弁護士個人、組合契約等によって結合した複数の弁護士の集合体、弁護士法人、会社等）、勤務弁護士と採用側との関係、業務の内容・遂行方法もさまざまであるため、一様の結論にはなりません。本文で紹介されている判断要素に照らして判断されることになるでしょう。判断要素の一部について考察を加えます。

① 仕事の諾否の自由

例えば、「ボス弁と私」というマチ（街）弁であれば、心理的な問題はあるにせよ、ボス弁から頼まれた仕事を拒絶することができる場合もあるでしょう。弁護士が事務職員と同じレベルの規律に服するということも少ないでしょうから、仕事を拒絶したときに、事務職員が拒絶したときと同様に事務所から懲戒処分を受けるということもないでしょう。こうした場合、「労働者」性は弱まります。

一方、組織内弁護士であれば、会社の就業規則（服務規律）が適用され、会社（上司）から頼まれた仕事を拒絶することはできないですし、拒絶すれば懲戒処分の対象となり得るでしょう。弁護士がこうした立場に置かれていれば「労働者」性が強まります。

② 業務上の指揮監督の有無

勤務弁護士でも、弁護士である以上、専門的知識・経験に基づく広範な裁量に基づき業務を遂行することが期待されており、採用側から受ける指揮監督は包括的・抽象的なものにとどまり、指揮内容も教育的指導にとどまるものがほとんどで、指揮に反したからといって事務所の懲戒処分に服することもないのではないでしょうか。

組織内弁護士については、法律事務所勤務弁護士と同様のレベルでしか指揮監督を受けないという場合もあるかもしれませんが、会社（上司）から仕事の内容や優先度、処理方法について具体的な指示を受けるということもあるでしょう。また、採用側の定めた始業時刻、終業時刻に従わなければならず、就労場所を離れることを許諾されていなければ拘束性は強く、「労働者」性も強まります。

③ 専属性

所属事務所を離れて依頼者から直接事件を受任すること（個人受任）が認められている場合や、弁護士会の委員会活動についても制限をされていない場合は専属性が否定され、「労働者」性が弱まります。

検討の結果、弁護士が「労働者」に該当しない場合であっても、オーバーワークに要注意です。健康管理は自己責任で行うものであり、弁護士は体が資本です。働き方改革の柱はワークライフバランスの確保、働き方による待遇格差の解消です。社会の病を扱う医者である「弁護士の不養生」は笑い話では済まされません。

一方、「労働者」に該当するとなった場合、特に労働時間規制（あるいは弁護士の職務の特殊性に照らしてどのようにして時間外労働等に対する割増賃金の支払いに上限を設けるか）が問題になりますが、著者の周辺では、専門業務型裁量労働制（労働基準法38条の3）の適用対象とする場合が多いように思いますが、弁護士を管理監督者（同法41条2号）と位置づけている場合もあるようです。

弁護士の「労働者」該当性が裁判所等で争点となることは決して望ましい事態ではないですが、もし争点となれば本文にあるとおり、判断要素に照らして判断されることが予想されます。本書を手にとった読者が弁護士であれば、採用側とのあるべき関係を模索するという観点から、ご自身の置かれた環境に照らして検討してみてはいかがでしょうか。

Method
02
就業規則の不利益変更

▸ 変更できない？ 就業規則

――弁護士は就業規則の変更について使用者から助言を求められることが多いが、それが労働者の不利益に労働条件を変更するものであるときには、集団的に労働条件を画する性格をもつ文書だけに注意が必要である。

就業規則の作成・変更と弁護士の役割

就業規則（賃金規程、退職金規程のほか、懲戒規程、育児介護規程、定年後再雇用規程などの付帯規程）の新規作成については、弁護士が全く関与することがないとまでは言いませんが、社会保険労務士が関与することが多いと思います。一方、法的紛争の可能性を含む就業規則の変更については、しばしば弁護士が使用者側から相談を受けます。

就業規則の変更手続に関する規定

常時10人以上の労働者を使用する使用者には所定事項を記載した就業規則の作成義務が課されていますが（労働基準法89条)、そもそも就業規則とは何かという定義規定は現行法令上ありません。

就業規則の作成手続については、過半数労働組合等からの意見聴取をしたうえで、所轄の労働基準監督署に届出を行い、労働者に周知する必要がありますが（同法90条、106条）、これらの手続は就業規則を変更する場合でも同様に必要になりますのでご注意ください。

就業規則の変更の効力

就業規則の変更の効力については、「使用者は、労働者と合意することなく、就業規則を変更することにより、労働者の不利益に労働契約の内容である労働条件を変更することはできない」と規定されています（労働契約法9条）。

就業規則の不利益変更に対して労働者の合意のもつ意味

労働契約法9条本文の反対解釈として、労働者と合意すれば、就業規則を変更することにより、労働者の不利益に労働契約の内容である労働条件を変更することができることになりますが、体験談1のように1人でも就業規則の不利益変更に反対する労働者がいれば、使用者は、同条反対解釈による効果を主張できなくなります。

労働条件不利益変更の効力の発生要件

労働者の合意がなければ就業規則の不利益変更は一切許されない、というわけではありません。労働契約法9条ただし書は、前記原則に対し、「次条の場合は、この限りでない」と定め、同法10条本文は、「使用者が就業規則の変更により労働条件を変更する場合において、変更後の就業規則を労働者に周知させ、かつ、就業規則の変更が、労働者の受ける不利益の程度、労働条件の変更の必要性、変更後の就業規則の内容の相当性、労働組合等との交渉の状況その他の就業規則の変更にかかる事情に照らして合理的なものであるときは、労働契約の内容である労働条件は、当該変更後の就業規則に定めるところによるものとする」と定めています。

労働契約法10条による労働条件不利益変更の効力の発生要件を整理すると次のとおりです。

ア）就業規則変更により労働者の不利益に労働条件が変更されること（9条を受けた要件）

イ）変更後の就業規則を実質的に周知すること（労働基準法106条の「周知」とは異なるレベルの周知が求められるという意味で「実質的に周知」と表現します）

ウ）変更内容が合理的であること

変更内容の合理性の判断要素

前記要件ウ）の変更内容の合理性の判断要素については、労働契約法10条本文のとおり、①労働者の受ける不利益の程度、②労働条件の変更の必要性、③変更後の就業規則の内容の相当性、④労働組合等との交渉の状況、⑤その他の就業規則の変更にかかる事情が挙げられています。なお、判断要素に関し、労働契約法の下敷きとされた従前の判例は、①から④のほか、⑥他の労働組合又は他の従業員の対応、⑦同種事項に関するわが国社会における一般的状況等を総合考慮すべきとしていましたが、現行の労働契約法は、⑥⑦を含めて⑤その他の就業規則の変更にかかる事情として整理集約されました。

主張立証の対象は幅広い

労働契約法の制定の際に整理されたとはいえ、判断要素は多岐にわたるため、就業規則変更内容の合理性が争点になる訴訟等においては、しばしば多数の事項に関し長期間にわたる経緯が主張されます。しかも、訴訟の結果が判決で示されることになると、理由中の判断が当事者以外の労働者にも事実上波及するため、特に多くの労働者を抱える企業が当事者となっている訴訟は重厚長大なものとなる傾向があります。

労使いずれの立場にせよ問題の解決を遅らせる可能性が高い訴訟は避けたいところですが、就業規則の不利益変更に関する裁判例は多数ありますので、適切な助言ができるようにするためにも相談を受ける際に参照するようにしてください。

体験談 1

就業規則の変更は慎重に

弁護士７年目　男性　使用者側

退職金制度を廃止したら……

10 年ほど前、顧問先のＡ社は、長期にわたって業績が低迷し、このままでは大幅な人員整理も考えなければならない状況になっていました。雇用を維持しながら経営を立て直す方策として、数年間かけて段階的に退職金を引き下げ、５年前に全部廃止しました。

従業員のＢ氏は、新卒で入社してＡ社に永年勤続し、退職金制度を全廃した３年後に定年退職したのですが、退職の数か月後、「退職金制度の廃止には従業員全員の同意が必要だが、自分は同意していないので廃止は無効である。したがって、従来の退職金規程に基づいて算定した額の退職金を支払え」という文書を送付してきました。

退職金制度廃止の際に行った手続

A社で退職金制度を廃止する際にあたっては、就業規則の退職金支給条項の削除や、退職金規程を廃止する必要がありました。その改廃にあたっては、会社から組合に意見を求めていました。

会社の経営状況が厳しく、退職金の引当金も積み立てることができていないこと、当面業績が回復する見込みも乏しいこと等を説明し、組合内でも相当な議論があったようですが、最終的には組合側から「反対しない」という意見をもらっていました。

また、社長から社内イントラネットを利用して従業員全員にメッセージを送り、やむを得ない事情により退職金制度を廃止することに理解を求めるとともに、疑問があれば人事・総務部に問い合わせてほしいとアナウンスしていました。

そのときに、B氏から、退職金制度の廃止には反対であるとの意見が寄せられたため、人事・総務部の責任者からB氏に、個別に説明する機会を設けました。その場で、組合に対するものと同様の説明して理解を求めましたが、B氏から了解を得られないままA社として労働契約法10条に基づき就業規則の変更や退職金規程の廃止を進めることになりました。その後、B氏が退職するまでアクションはありませんでした。

この制度改定は無効なのか？

文書への対応をA社と相談している間に、B氏本人による労働審判申立書がA社に届きました。申立ての理由は、先に届いた文書と同様でした。

A社としては、当時の経営環境等の状況に照らして、就業規則の変更や退職金規程の廃止はやむを得ない措置であって、労働契約法10条の要件を満たし有効であって、B氏の同意がないことは就業規則変更の有効性に影響しないことを骨子とする答弁書を提出しました。

労働審判手続では調停による解決の見込みがある場合には調停を試みるとされていますので、A社としては、B氏に廃止した退職金の一部に相当する解決金を支払うことも検討しましたが、退職金制度に反対しなかった他の退職者との均衡を重視して調停に応じないことも決めました。

労働審判では、就業規則変更時に行った手続等を確認しました。そのうえで、労働審判委員会に説得されたのか、B氏が申立てを取り下げたので事件は終了しました。

事件を振り返って

退職金は、老後に備えた蓄えの大きなウェイトを占めるものであり、人生設計に組み込んでいる従業員が多かったと思います。そのような重要な制度を廃止するにあたって、従業員の理解を得られるよう努力し、慎重に手続を進めたことが個別に異議を述べた従業員との関係でもうまくいった理由の1つだと思われます。

体験談 2

福利厚生の規程であれば不利益変更でない？

弁護士 13 年目　男性　使用者側

単純な書面審査でないことには気を付けているが……

ある企業から確定拠出型年金を導入するということで就業規則（賃金関連規程の一部）の変更について依頼を受けたときのことです。依頼主である企業の人事担当者から現行の就業規則と変更しようとしている就業規則の新旧対照表の送付を受けました。就業規則の変更のチェックという依頼に応えるためには書類をチェックすることが中心になるため、受領した書類を精査することになります。

もっとも、労働契約法 10 条の要件との関係で、就業規則の変更のチェック業務については、私は単純な書面審査で終わらせないよう気を付けています。労働組合がある企業であれば労働組合と、これがなければ特に変更によって影響を受ける従業員群との交渉状況についてヒアリングするようにしています。

この点、本件については依頼主企業には労働組合はなく、また、人事担当者の説明によると、従業員のために複数の機会を設け、適用対象従業員全員に説明用資料を交付して、新制度の概要を説明しているとのことでした。そのため、後述のとおり、福利厚生に関する規程の変更でもあったので、変更の法的有効性が深刻な問題になることはないだろうと考えていました。

給付額が増えるのだから不利益変更ではない？

変更内容の概要は、人事担当者の説明によると、従業員の財産形成支援の一方策として、従業員には毎月の賃金から安全な運用に回すための資金（1万円とします）を拠出させ、会社も従業員のために同じ額（1万円）を拠出していたところ、税制上のメリットを受けられる範囲を拡大するため、従業員には従前よりも多い額（2万7500円）まで拠出させることができるようにするとともに、会社も従業員に決めたのと同じ額（2万7500円）を拠出するというものでした。従業員が会社とともに拠出した資金（合計5万5000円）については、従業員自身の選択により、将来の財産形成のために税制メリットを受けつつ運用に回すこともできるし、ボーナス支給日にボーナスの一部として受領することもできるというものでした。

私は、従業員の毎月の拠出額が増えるものの、これに伴って会社が従業員のために拠出する額が増えるため、従業員にとって有利な変更であり、不利益変更ではないと考え、パソコンソフトの履歴機能を利用しつつ修正文言について提案し、提案の意図等についてコメント機能を利用して会社に返答しました。

後で見つかった不利益

ところが、変更前後の就業規則の経過措置規定に複雑なものが含まれており、理由は割愛しますが、拠出金を運用に回すことを選択した場合と、ボーナスとして受領することを選択する場合とで受給額に少し違いが生じ、一部の従業員にとっては不利益変更となることが就業規則変更後に判明したのです。

経過措置規定は依頼主企業自身が作成したものであり、私の見落としが問題にはなりませんでしたが、弁護士としても労働組合等との交渉状況はもちろんのこと、福利厚生関連規程の変更であるからと安易に考えず、経過措置の内容についても気を配っていれば、違った助言ができたかもしれないと反省しています。

ワンポイントアドバイス

体験談１のように、積極的でないにせよ多くの労働者が就業規則の変更に同意していた場合には変更内容に合理性があることになる可能性があります。また、変更内容の合理性の有効性判断の各要素のうち労働条件の受ける不利益の程度が小さい場合、変更が不合理と判断される可能性は低いと考えられます。一方、体験談２のように、労働者の利益が増幅される変更であって、不利益の程度が小さいようにみえても、実は、他の判断要素との関係で変更内容の合理性を疑うべき場合があり得ます。相談を受ける際には、要件を意識して慎重に検討してください。

Method

03 休職規程

復職可能性の判断は石橋を叩いて渡れ

——就業規則の休職期間満了による労働契約の終了については労使ともに休職事由が消滅したのか否か判断に迷うことが多く、判断を誤るとさらに重大な疾患が生じたり、地位確認請求等の紛争が生じたりすることから慎重な対応が必要となる。

就業規則の定め

休職制度には、多くの企業にみられるものとして、①業務外の傷病による長期欠勤が一定期間に及んだときにとられる病気休職、②疾病以外の自己都合による欠勤が一定期間及んだときにとられる事故欠勤休職などがあります。これらの休職制度は、就業規則により規定されている一定の期間内に傷病については「治癒」する等、休職事由が消滅すれば復職となりますが、休職事由が消滅しなければ自然退職又は解雇となり、労働契約が終了します。

休職期間中の労働者の扱い

休職期間中の賃金は就業規則に特別の規定がない限り、原則として請求はできません。私傷病休職の場合には、一定期間健康保険法上の傷病手当金の支給を受けることができます。なお、業務上の災害による傷病の場合は、私傷病休職制度の適用を受けることはできませんが、就業規則の別規定に基づく災害補償又は労災保険法上の休業補償給付金の支給を受けることとなります。

休職期間満了時の復職可能性

休職期間満了時に、休職事由が消滅すれば職場に復帰することになりますが、休職事由が消滅していない、すなわち、復職が可能でないということになれば、就業規則上、労働契約は終了すると規定されている場合は、労働契約は当然終了という扱いとなります。

業務外の傷病の場合、休職期間満了時に、休職事由の消滅が認められるかにつき雇用主と労働者の認識が一致すれば問題はありませんが、双方の認識がずれる場合がしばしばあり（例えば労働者は復職できると主張しているが、雇用主は復職できる状況にないと判断している場合）、最終的に地位確認請求等の労働問題に発展することも少なくありません。

労働者を復職させるか否かについては、主に雇用主側が判断を迫られることとなりますが、一般的にはこの判断は主治医や産業医の診断書等によらざるを得ない部分が多く、休職期間満了の前から、慎重に労働者の職種や疾病の内容等を精査しておく必要があります。

なお、労働者の職種について、もともと労働契約において特別な職種を担うこととされている場合ではなく、職種限定がない労働者の場合、従前の職務に復帰できずとも他に就労可能な職務があるにもかかわらず、そのような可能性を検討せずになされた解雇（退職扱い）は無効となります（最一小判平成10年4月9日労判736号15号〔28030784〕）。

うつ病等精神疾患の場合

労働者が業務上負傷し、又は疾病にかかり療養のために休業している期間とその後30日間については雇用主は解雇することができないなどの制約が生じます（労働基準法19条1項本文）。

近年、うつ病等の精神疾患により、相当長期間、療養のため休職を要するケースが多くなっています。この点、業務による精神的負担の蓄積が精神疾患の原因となっている疑いがあるケースでは、労災認定がなされる場合もあり、雇用主としても休職規程を適用してよいのか判断困難な場合も多くみられます。

精神疾患における職場復帰支援として、厚生労働省から、「心の健康問題により休業した労働者の職場復帰支援の手引き～メンタルヘルス対策における職場復帰支援～」（2010年）が発行されており、雇用主にはこの手引きなども参考にして、休職からの復帰や、復帰後のケアを行う等慎重な対応が求められています。

体験談 1

休職に関する主治医と産業医の意見について

弁護士5年目　男性　使用者側

医師の判断も患者の意向に左右される

「メンタルヘルスの問題で休職している従業員Aが復職を希望しているのですが、こちらとしては、このまま退職してほしいのです。どうしたらいいでしょう」という相談をある会社から受けたことがあります。

Aさんはもともと問題の多い従業員だったようですが、Aさんの行為について懲戒解雇とすることが相当とまではいえないようでした。

ある日、Aさんは身内の不幸があったことがきっかけでうつ病の診断を受け、会社を休職することになりました。会社側の人事担当者が、休職中のAさんの病状を確認したいと、Aさんに事前の了解をとって主治医に話を聞きに行った際には、同医師から「先天性の疾患があるのではないか」「とても今まで仕事をしていたとは思えない」というコメントがありました。会社側としては雇用時にはAさんの疾患には気づかなかったが、そのような疾患があるのであれば復職は難しいのではないかと考えていました。

しかし、その後Aさんは、職場復帰したいという意向を示し始め、それに伴いAさんの主治医も職場復帰が可能であると診断し、Aさんは、会社にその旨が記載された診断書を提出しました。

会社側は、Aさんの精神状態では就業は無理であるという当初の主治医の判断を聞いていたので、職場復帰が可能であるとの診断に驚き、私のところに相談にきました。

産業医との連携

私は、取り急ぎ、Aさんの精神状態が職場復帰に適しない状態であるという証拠を集める必要があると判断し、職場復帰にあたり、産業医の判断が必要であるので、主治医がカルテ開示をすることにAさんが同意するように提案しました。

カルテ開示への同意は、労働契約上の義務ではありませんでしたが、Aさんは職場復帰を希望していたため、当初はしぶったものの、最終的には同意を得られました。

そして、開示されたカルテの内容を見ると休職開始時の精神状態が良好でないことは記載してあったのですが、主治医が会社の人事担当者に説明していたような、先天性の疾患があるといった見解をはじめとする、

Ａさんの職場復帰が困難であることを裏付ける記載はありませんでした。また、余談ですが、このとき開示されたカルテは手書きのもので、医師の字を判読するのに大変苦労しました。

対策として産業医とＡさん本人を面会させ、産業医からいまだ復帰はできない旨の診断をしてもらうことも考えました。しかし、産業医は精神科が専門ではないため、最終的に裁判になった場合、主治医と産業医の意見では主治医の意見がより有力視されると判断し、この方法は採用しませんでした。

その後、Ａさんから重ねて復帰したいとの要望がありましたが、会社側は、就業規則上根拠規定があることから、Ａさんに対して、休職期間を３か月間延長して様子をみる旨伝えました。これに対し、Ａさんはリハビリを兼ねて早期に仕事を再開したいという強い意向があり、家族も同じ考えであったことから、Ａさんは会社を自主退職して別の仕事に就きました。

本件では、主治医が、会社の人事担当者に口頭で就業が困難であるかのようなコメントをしたとしても、患者の意向により、職場復帰も可能との判断を示す場合もあることを知ることとなりました。

体験談 2

復職可能性の判断の難しさ

弁護士５年目　女性　労働者側

今まで働いていたのに休職させられた！

休職命令の適法性や、復職可能性をめぐる事件は、労働者側の立場からしても非常に難しい事件の１つだと思います。

依頼者は、平成21年頃から精神疾患に罹患しながらも、出版事業を営むA社の編集職として、平成25年頃まで勤務し続けてきました。

依頼者の症状の1つには睡眠障害があり、定時出社するのが難しかったのですが、編集職従業員には専門業務型裁量労働制が適用され、出勤時間をある程度柔軟に調整できたため、編集職として仕事を続けていくことはできていました。

しかし、依頼者は、編集者として十分な成績を残せず、平成25年頃、A社から、営業職への異動を命じられました。営業職では定時出社が条件となるため、依頼者は、営業職への異動を断りました。

するとA社は、依頼者に産業医や専門医を受診させたうえで、定時出社が困難であることを理由として、依頼者に対して、①今すぐ休職命令を受けるか、②有給消化後、1か月間欠勤したうえで、長期欠勤を理由とした休職を受けるのがよいか、選択するよう指示しました。

依頼者は、A社の指示に反抗していましたが、圧力に屈して、やむなく②を選択して休職命令を受けました。

その後、休職期間満了直前に、主治医から復職診断書をもらい、A社に復職願を出しましたが、A社の方で職場復帰は困難と判断され、契約期間満了により自然退職を余儀なくされてしまったため、弁護士に相談に来ました。

復職は果たせず

私は、主治医、専門医及び産業医からカルテを取り寄せ、A社に対して、依頼者が就労可能であるにもかかわらず、休職を事実上強制したことの違法性と、休職期間満了時の復職可能性を主張して訴訟提起をしました。

訴訟は3年ほど続きましたが、判決では、契約期間満了時に職場復帰が可能な程度に体調は回復していなかったと認定され、依頼者の請求は認められませんでした。

「就労可能性」の判断は難しい！

労働者の就労可能性については、平成10年の片山組事件最高裁判決（最一小判平成10年4月9日労判736号15頁〔28030784〕）以降、さまざまな判決が出ています。

今回の事件の中で考えさせられたことは、「就労可能性」の判断は非常に難しいということです。

また、精神障害を発症した労働者が復職する際には、厚生労働省が制定した「心の健康問題により休業した労働者の職場復帰支援の手引き～メンタルヘルス対策における職場復帰支援～」（2010年）に基づき、主治医や専門医、産業医と連携をしながら、労働者の就労可能性を判断することが望ましいといえます。

休職中の労働者から相談を受けた場合、休職の根拠や期間を調査するのはもちろんですが、休職期間経過前に、主治医や専門医、産業医と面談し、労働者の体調や休職に至った原因等を把握したうえで、労働者の日常生活表などを作成するなどして、労働者が職場復帰可能であることの資料を作成・収集し、会社に提示することも必要であると思いました。

失業保険がもらえなくなるかも！！

また、失業した労働者が、傷病手当金を受給している場合、傷病手当金の受給期間満了後に失業保険を受給できるようにするため、失業給付の受給期間の延長申請を行うのがベストです。

受給期間の延長申請は、従前、失業後2か月以内に「受給期間延長申請書」を添えてハローワークに提出する必要がありました。私は、当時そのことに気づかず、依頼者にアドバイスできませんでした。

平成29年4月の雇用保険法の改正により、失業後2か月を過ぎても延長申請ができるようになりましたが、できるだけ早めに手続をされることをおすすめします。

ワンポイントアドバイス

労働契約と診断書の精査を

体験談でも語られているとおり、休職期間満了後の労働契約の継続（復職）又は終了（解雇等）については、非常に悩ましい問題であり、使用者側・労働者側双方の弁護士が対応について迷うところです。この点、復職可能か否かについては、労働者の職務が限定されているのか、症状により他の職場に復帰することは可能か否かといった点が非常に重要な要素となってきます。

この点、労働者に対して、雇用主が労働者の症状を確認したいときに、専門医の診断を求めることができる場合があり、労働者がこれに合理的な理由なく拒否する場合には、懲戒処分の対象となることもあり得ます。争いを生まないようにするには双方が納得いくまで協議をすることが一番重要なことのように思えます。

なお、うつ病についてはより慎重な対応が必要といえます。うつ病の労災認定は認定が非常に遅くなることもあり、傷病手当を受給するかは労働者側としては非常に悩ましいところですが、傷病手当を受給したからといって労災認定が不利益に扱われることは現状ないといわれていますので、労働者の生活状況により申請することも検討してもよいと思います。

Method
04 残業代計算

▸ 計算ソフトは過信するな！

――残業代請求を行う、あるいは受けるにあたって欠かせないものの1つに、いわゆる残業代計算ソフトがあるが、ソフトの選び方や使い方で注意するべき点はあるか。

残業代計算ソフトを選ぶ際の注意点

インターネットで「残業代」「計算」等の言葉を入れて検索を行うと、無料でダウンロードできる残業代計算ソフトに多数アクセスすることができます。しかしながら、多くの残業代計算ソフトは、その正確性を保証するものではないため、弁護士自身が、その正確性について、きちんと検証する必要があります。後述の体験談1のように、いわゆる「週40時間超」の時間外労働を計上していないようなフリーソフトもありますので、注意が必要です。

どのような残業代計算ソフトを選ぶのがよいかについて、本書として、特定のソフトを推奨するものではありませんが、いわゆる「きょうとソフト」(平成28年当時に京都地方裁判所に所属していた裁判官と京都弁護士会会員の有志による共同作業により作成されたソフト）は、裁判官や弁護士の中で認知度が高いと思われます。「きょうとソフト」は、日弁連の会員専用ページからダウンロードできるとともに、より細かい情報は、判例タイムズ1436号（2017年）17頁にも掲載されています。

また、弁護士会によっては、所属弁護士向けに、残業代計算ソフトを無償貸与しているところもあります（例えば、東京弁護士会は、登録弁護士限定で、労働法制特別委員会において制作した残業代計算ソフトを、CD-ROMに焼き付けて無償にて貸与しています）。

いずれにしても、残業代計算ソフトを選ぶ際は、何か月分かの出退勤時刻や休憩時間を実際に入力してみる等、その正確性について自ら検証してみることが肝要ではないかと思われます。

残業代計算ソフトの使い方で注意すべき点

自分で選んだ残業代計算ソフトが、受任事件の解決に役立つものであるかどうか、意識する必要があります。例えば、それなりに知名度のある残業代計算ソフトでも、変形労働時間制に対応していないことは、珍しくありません。この場合、計算式を少し修正することによって是正できるのであればともかく、計算式にパスワードが掛かっている場合には、是正作業を行うことも困難になります（後述の体験談2参照）。

このように、残業代計算ソフトが、受任事件の解決にあたり万能なものでない場合、部分的に、自ら計算表を作成することも考えなければなりません。

体験談 1

ソフトは必ず正しい!?

弁護士７年目　男性　労働者側

初めての労働者側残業代請求

弁護士登録４年目の頃、私は労働者側で初めて残業代請求事件を受任しました。依頼者は、飲食店の厨房で働く料理人でした。依頼者に確認したところ、労働時間の管理はタイムカードで行われており、基本給とは別に１万 2000 円の食事手当が支給されていました。

私はそれまで、使用者側では何件か残業代請求事件を受任した経験があったので、この種の大まかな流れはわかっていました。

そこで、まずは会社に対し、本件を受任した旨とともに、就業規則やタイムカード、給与明細等の開示を求める内容証明郵便を送付しました。

使用者側の主張

こちらの受任通知送付から１週間後、使用者側の弁護士から、タイムカード等の資料が送付されてきました。また、タイムカード等の資料とともに、使用者側の弁護士が計算した残業代計算表（計算表上、残業代は 280 万円）と、使用者側の主張を記載した連絡書も同封されていました。

まず使用者側から、食事手当は割増賃金の基礎賃金に含まれないという主張がありました。依頼者は昼夜食事付きという条件で雇用されており、使用者は１万 2000 円の食事手当を支給していたものの、他方で食事代として１万 2000 円を控除していました。使用者側の弁護士によれば、会社は税理士からこのような取扱いをした方が経理上有利になるといわれて行っていたものにすぎないから、食事手当については実質上賃金とはいえない、ということでした。
そのうえで、使用者側の弁護士より、早期解決ができることを条件として、解決金として200万円を支払うとの内容での和解案が提示されました。

計算が合わない!?

まず労働者側代理人としては、労働者の残業代を計算するところから始めました。具体的には、使用者側から開示されたタイムカードの記載に沿って、始業時刻と終業時刻を残業代計算ソフトに打ち込んでいく、という地道な作業です。
私の事務所では、いつも使っている残業代計算ソフト（インターネット上にあるフリーソフト）があり、これまで使用者側で受任したときもそのソフトを使用していました。
本件でも、この計算ソフトを使用して残業代を計算したのですが、残業代が190万円程度にしかなりません。打ち間違いかと思いましたが、何度確認しても間違いはありませんでした。
しかし、使用者側の弁護士が作成した計算表では280万円になっており、また、解決金として200万円が提示されているこの状況で、残業代が190万円程度にしかならない、というのは、なかなか考えがたい状況です。
そこで、使用者側の弁護士作成の計算表と詳細に見比べてみたところ、私の事務所で使用していたフリーソフトでは、1日8時間を超えた部分については適切に割増しの計算がなされていたものの、週40時間を超えた部分については割増しの計算が全くなされていませんでした。
そのため、すぐに別の残業代計算ソフトを使い計算し直したところ、使用者側の弁護士の計算とほぼ同じ金額となり、一安心しました。

無事、示談成立！

無事計算を終え、使用者側の代理人と弁護士会館で面談し、こちらの考えを伝えました。

まず食事手当については、割増賃金の基礎に含めない手当については労働基準法施行規則 21 条に定めがあるところ、食事手当は同条記載の手当のどれにも当てはまらないのであるから、当然割増賃金の基礎に含まれるという趣旨の説明をしました。

そのうえで、訴訟になれば 280 万円に遅延損害金及び付加金もあわせて請求することになると前置きしたうえで、250 万円での和解を提案しました。

それから 1 週間ほどして、使用者側の弁護士から、こちらの和解案に応じるとの連絡があり、無事示談が成立しました。

本件では、相手方から先に計算表の開示や解決金の提示があったために計算ソフトの間違いに気づけたからよかったものの、こちらから提案するという流れであれば、正直ソフトの間違いに気づけていたかどうかはわからないので、本当に肝を冷やしました。残業代計算ソフトしかり、過払金計算ソフトしかり、何も考えずに自動的な計算に任せるのではなく、ソフトの計算に不備がないかどうかをきちんと弁護士の目でチェックすることが大事であると気づかされました。

体験談 2

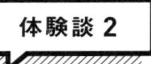

残業代請求ソフトは万能か？

弁護士 12 年目　男性　使用者側

運送会社の残業代請求訴訟事件の相談

運送会社から、元従業員（ドライバー）による残業代請求訴訟について依頼を受けました。当時は、「きょうとソフト」のような著名な残業代計算ソフトが認知される前でした。

この事案では、基礎賃金、労働時間、既払金等が争点となっており、労働者側の代理人が、「きょうとソフト」以外の残業代計算ソフトを用いて計算を行い、会社側に請求してきました。

1 年単位の変形労働時間制

私が依頼を受けた運送会社では、時期によって業務の繁閑に差があるため、「1 年単位の変形労働時間制」が採用され、毎年、労使協定が締結されていました。

詳細な説明は割愛しますが、この制度のもとでは、年間カレンダー等により、個々の労働日の労働時間が定められるとともに、一定の週には、「週 40 時間超」の時間外労働が発生しても、割増賃金の支払義務が生じないことになります（最近は、土・日・月曜日の 3 連休がある月に、その週の労働時間を 8 時間×4 日＝32 時間とする一方、その月末の土曜日を労働日とし、最終週については 8 時間×6 日＝48 時間まで時間外労働が発生しないとしている会社もあります）。

残業代請求ソフトは
変形労働時間制に対応していない？

ところが、「きょうとソフト」をはじめとする多くの残業代請求ソフトは、変形労働時間制に対応していないため、自動的に「週 40 時間超」が計上されてしまいます。自分自身で作成したエクセル表であれば、「週 40 時間超」の時間外労働が計上されたセルを「0:00」に修正すれば足りるのですが、出回っているソフトでは、信用性維持のため、容易にこのような修正ができないようになっている場合も少なくないものと思われます。

この事案では、計算作業の便宜のため、労働者側の代理人に対し、残業代計算ソフトのデータを提供するよう求めたのですが、労働者側の代理人から拒否されてしまいました（当時はそのようなことがよくありましたが、現在は、代理人間でメールでやり取りすることが増えているように思われます）。前述のとおり、この時点では、「きょうとソフト」のような、裁判所・使用者側・労働者側の三者でデータを交換することを前提とするようなソフトが普及していなかったことが一因ではないかと思われます。

そこで、私は、労働者側の代理人が作成した表において、「週 40 時間超」と計上された時間を、月単位で合算し、残業代請求ソフトによって計上された時間外労働時間を修正するための一覧表を手作りして対応しました。

その結果、使用者側代理人もすぐに納得し、一覧表を提出した次の期日において、当方の言い分どおりの和解が成立いたしました（ただし、この会社では、1 年単位の変形労働時間制が、労使協定どおりにきちんと運用されていたか不明な点もありましたので、もし、労働者側の代理人がその点に目を付けていれば、より苦労したであろうと思います）。弁護士であっても、最低限の表計算ソフト作成スキルが必要であることを、あらためて認識した事案でした。

ワンポイントアドバイス

知名度の高い残業代計算ソフトを使用するのが無難

残業代計算ソフトを選ぶにあたっては、多くの場合、入力した結果を、相手方（代理人弁護士）や裁判所に示すことを勘案すると、やはり、知名度の高い残業代計算ソフトを用いる方が無難ではあります。しかし、知名度の高い残業代計算ソフトであるからといって、正確性が保障されたり、全ての場面に通用するものとは限りませんので、正確性について自ら検証することが必要です。また、定型の残業代ソフトがそのまま通用しない場面については自ら計算表を組んで対応にあたることが必要な場合もあります。

このように、残業代計算ソフトは、一見便利なものですが、過度に依存することにより、計算を誤らないよう注意するとよいでしょう。

負担軽減の方法としての「推定計算」等

しかし、残業代請求を行う側にしても、受ける側にしても、約２年分の労働日について、全ての始業時刻、終業時刻、休憩時間を入力したり、日報等を分析して休憩時間を計上したりすることは、膨大な作業時間を要します。全ての事案において、画一的に２年分の労働日の労働時間を集計することにより、結果として事案の解決を遅らせることは、使用者・労働者の双方にとって好ましいことではありません。

そこで、代理人弁護士間で合意ができた場合には、特定の年月（1か月から３か月程度）に絞って労働時間、休憩時間を計上し、残りの年月については、実際に計上した年月の労働時間、休憩時間から「推定計算」を行うという方法も、実務上、よくとられていますので、参考にしてください。

また、相手方代理人が、著名な残業代計算ソフトを使用している場合には、「和解金額計算のため」との理由を述べれば、入力を済ませた計算表のデータを送ってもらえる場合もあります（オリジナルのソフトを使用している場合には、嫌がられることが大半ですが）。相手方代理人とは立場が異なっても、入力作業の重複を避け、事案解決のため互いに協力して作業にあたるという考えも、場合によっては必要なのではないかと思います。

Method
05　労働時間の把握

▸ 労働時間は正確に把握すべし

——一般に、使用者には労働者の労働時間を把握する義務があるものと解釈されているが、どのような資料によって把握するのが相当か。また、労働者側の資料によって労働時間が認定されることはあるのか。

労働時間の把握義務

労働基準法は、使用者が労働者に対し法定労働時間を超えて労働させる場合には、36協定を締結のうえ、割増賃金を支払うことを義務付けていますが、これらの義務を履行するためには、使用者側が労働時間を正確に把握していることが前提となっていますので、使用者には、労働者の労働時間を把握する義務があるものと解釈されています（仙台地判平成21年4月23日労判988号53頁〔28153446〕も同旨）。

労働時間の把握方法

使用者が、どのような方法で労働者の労働時間を把握すべきかについて、労働基準法は特に定めていませんが、厚生労働省の通達「労働時間の適正な把握のために使用者が講ずべき措置に関するガイドライン」

（平成29年1月20日基発0120第3号）は、「使用者が始業・終業時刻を確認し、記録する方法としては、原則として次のいずれかの方法によること」として、「ア　使用者が、自ら現認することにより確認し、適正に記録すること」「イ　タイムカード、ICカード、パソコンの使用時間の記録等の客観的な記録を基礎として確認し、適正に記録すること」等と定めています。

タイムカード以外の把握方法

ただし、労働者が、使用者によりサービス残業を強いられていた等の理由により、タイムカードに記録された時間より長い労働時間を主張する場合には、使用者に対し、事務所への入退館記録や、パソコンのログの開示を求めることがあります（体験談2参照）。

また、運送業者の場合、タイムカードは勤怠管理のため補助的に用いているにすぎないとして、労働時間管理のための主たる手段として、乗務日報や、（デジタル）タコグラフを用いることもあります。なお、デジタルタコグラフの中には、運転手が「積卸」「待機」「休憩」等のボタンを押すことにより、トラック停車中の状態を記録に残すことができるものがあります。また、GPS付きのものであれば、荷主のもとに到着したのか、近くのコンビニエンスストアで停車しているのかを含め、把握することが可能となります。

使用者が労働時間を把握する資料を持ち合わせていない場合

使用者が、労働者の労働時間を把握する資料を持ち合わせていない場合、労働者としては、手帳・日記、家族や知人に宛てて送ったメール、最寄駅での乗降記録、タイムカードアプリ（位置情報も記録することができるものもあるようです）等により、労働時間を主張することになります。

ただし、これらの資料は、労働者が使用者と関係のないところで記録していたものにすぎないとして、信用性が争われることもありますので、いずれか１つがあれば十分というものではなく、いくつかの資料をあわせて、相互に信用性を補完する形で使用することになると思われます。

これらの資料に信用性があると評価された場合には、労働者の言い分を前提とした労働時間が認定されるおそれがありますので（体験談１参照）、使用者としては注意が必要です。使用者の顧問弁護士をしている場合は、日頃から労働者の労働時間を適正に把握するよう注意喚起にあたるとよいでしょう。

体験談 1

メモだけで大丈夫？

弁護士５年目　男性　労働者側

残業代を払ってほしい！

友人の紹介で、時間外労働手当の請求をしたいという方の相談を受けました。

ほぼ毎日１時間から２時間程度の残業をしていたということですが、職場ではタイムカードは作成しておらず、依頼者自身、正確な残業時間はわからないといいます。

当然のことですが、残業代を請求するためには残業時間を特定して、請求金額を算定する必要があります。会社は労務管理をしっかり行っているとは思えませんでしたし、労働時間の照会に誠実に回答するとも考えられませんでした。

意外とあったね、証拠資料

依頼者に残業時間を特定できる資料はないか確認したところ、断片的ではあるものの日記に退社時間を記載している日がありました。また、交通 IC カードの記録を取り寄せ、帰宅時に乗車した電車の時間から退社時間を推定したり、業務終了時に友人に送信したメールの時間からも退社時間を推定したりすることができました。どうしてもわからない部分は、依頼者が記憶をたどって作成したメモで補充しました。

会社側は反論できず……

こうして特定した残業時間をもとに請求金額を算定し、会社と交渉したのですが、残業時間を裏付ける客観的資料に乏しいことを理由に話合いに応じなかったため、訴訟提起となりました。

確かに、依頼者の主張する残業時間を直接に裏付ける証拠資料はありません。しかし、使用者は、雇用契約上の義務として従業員の安全配慮義務を負い、その一環として、適切な労務管理を行い、従業員の労働時間を把握する必要があります。長時間の残業が続いたり、適切な休暇を得られなかったりする等の過重労働で従業員に健康被害が生じることは許されません。このような観点もあってか、裁判所は、会社側が把握している労働時間を明らかにしない以上、依頼者の主張する残業時間は推定による面はあるものの、それに近接する帰宅時に乗車した電車の時間等は一応の根拠があることから、概ねこれを採用した形で請求を認める旨の和解案を提示しました。

会社側も裁判所和解案には従う意思を示し、依頼者もこれを了解したため、和解により決着がつきました。

体験談 2

労働時間の把握で隙を見せるな

弁護士 12 年目　男性　使用者側

労働者側は警備会社の入退館記録をもとに労働時間を主張

飲食料品の小売店を展開する会社が、店舗の元従業員から残業代請求を受けた事案です。この会社は、労働者がタイムカードにより自己申告した始業時刻、終業時刻、休憩時間を前提に、1分単位で残業代を支給しているのですが、元従業員は、会社からサービス残業を強いられていたと事実に反する主張を行い、警備会社が管理する入退館記録をもとに残業代請求を行ってきました。

この会社は、元従業員が退職直前、その日の業務を終えタイムカードの「退社」を打刻した後も、事務所に残っているという不審な事実を把握し、数日分の防犯カメラを解析し、元従業員がスマートフォンを私的に使用している様子や、アイスクリームを食べながら談笑している様子、店舗の販促品を自己の鞄にしまい込んでいる様子のスクリーンショットを残していました。そこで、私は、労働審判において、これらのスクリーンショットを証拠として提出し、サービス残業がなかったこと、労働者の自己申告によるタイムカードの打刻をもとに労働時間を認定すべきであることを主張しました。

防犯カメラはキャプチャー画像だけではなく動画も残しておくべき？

ところが、裁判所は、この会社が防犯カメラの動画を残していなかったことを問題視し（防犯カメラの映像（動画）には保存期限があり、今回の元従業員が残業代を請求してきた時点では、すでに他の営業日の様子が上書きして録画されてしまっているとのことでした)、「サービス残業を強いられていたとの申立人（元従業員）の言い分は、全くの嘘とは言い切れない面がある」と指摘し、申立人の請求金額の4分の1程度を和解金として支払うよう求めてきました。

私からは、「タイムカードで「退社」を打刻した後、労働者側が会社の指揮命令下のもと労務提供を行っていたと主張するのであれば、具体的にどのような労務提供を行っていたかについて、労働者側において主張・立証していただく必要があるのではないか」と指摘したのですが、裁判官は、「防犯カメラの動画が残っていて、完全に労働を行っていないと言い切れるのであれば別ですが、今回のように、一場面だけ切り取って提出されましてもね……」と回答するにとどまりました。

なお、労働審判委員会が提示した金額は、不合理とも言い切れない金額であったのですが、この会社は、訴訟になってでも徹底的に争うという姿勢でしたので、労働審判に対し異議を申し立てることになりました。

もし、この会社が、防犯カメラの動画も何日分か残していれば、そもそも労働審判には至らなかったかもしれませんし、労働審判委員会も違った結論を出した可能性が高いだろうと推察しています。

ワンポイントアドバイス

使用者には労働者の労働時間を正確に把握するよう助言すべき

まず、労働者の労働時間を把握する義務を負っているのは、使用者であることから、使用者に対し、労働者の労働時間を正確に把握するよう助言することが重要です。この点を怠った場合には、労働者の言い分を前提とした残業代請求が認められるリスクがあると注意喚起しても差し支えないでしょう。

労働者も使用者による時間管理が不十分であると思ったら自ら時間を記録するよう努めるべき

使用者による労働時間の把握に不十分な点があった場合であっても、直ちに、労働者の言い分どおりの労働時間が認定されるわけではありません。労働者による記録内容が、他の記録と照合して信用性があると評価されてはじめて、労働者の言い分に近い形での解決が可能となります。

労働者に対しては、手帳・日記・タイムカードアプリによる記録だけでなく、最寄駅の乗降記録、パソコンのログ等、複数の記録をあわせて、自ら労働時間を把握するよう助言するとよいでしょう。

Method
06 管理監督者

▸ 初めから諦めるべからず

――労働基準法41条は、同法が定める労働時間等に関する一定の規定につき、同条が定める労働者に対しては適用しないことを定めている。このうち、実務上、最も争いになりやすいのは、「監督もしくは管理の地位にある者」（いわゆる管理監督者）である。

管理監督者とは

管理監督者の意義について、行政解釈は、法制定時から一貫して、「労働条件の決定その他労務管理について経営者と一体的な立場にある者の意であり、名称にとらわれず、実態に即して判断すべき」としてきました（昭和22年9月13日発基17号、昭和63年3月14日基発150号）。

行政実務及び裁判例において必要とされてきた要件は、

①事業主の経営に関する決定に参画し、労務管理に関する指揮監督権限を認められていること

②自己の出退勤をはじめとする労働時間について裁量権を有していること

③一般の従業員に比しその地位と権限にふさわしい賃金（基本給、手当、賞与）上の処遇を与えられていること

の3つです。

管理監督者の抗弁はほとんど認められない?

須藤典明＝清水響編『労働事件事実認定重要判決50選』立花書房(2017年)によると、管理監督者性が認められた裁判例は非常に少なく、公刊されたものでみる限り、高裁レベルで認められた判決としては、東京高判平成20年11月11日労判1000号10頁〔28161333〕(ことぶき事件)、福岡高判平成21年1月30日判時2054号88頁〔28153772〕(ただし、労災民事損害賠償請求の事案であり、残業代の請求事案ではない)が見当たる程度です。

一方で、管理監督者性を否定した裁判例は、東京地判平成20年1月28日労判953号10頁〔28140704〕(日本マクドナルド事件)等、多数の裁判例があります。

このため、管理監督者の抗弁はほとんど認められないという印象をおもちの方も多いのではないかと思われます。

ことぶき事件東京高裁判決の判旨及び評価

しかしながら、前掲のことぶき事件東京高裁判決は、美容室等を経営するY社の総店長として勤務していたXについて、①総店長としてYの代表取締役に次ぐナンバー2の地位にあり、Yの経営する理美容店5店舗と各店長を統括するという重要な立場にあること、②代表取締役から各店舗の改善策や従業員の配置等につき意見を聞かれていたこと、③毎月営業時間外に開かれる店長会議に代表取締役とともに出席していたこと、④その待遇面においても、店長手当として他の店長の3倍にあたる月額3万円の支給を受けており、基本給についても平成16年4月に1割が減額され月額39万0600円になったとはいえ、減額前には他の店長の約1.5倍程度の給与を受けており、総店長として不十分とはいえない待遇を受けていたことを理由に、管理監督者性を肯定しました。

前掲『労働事件事実認定重要判決50選』では、「肯定例の内容をつぶさにみると、いずれもさほど特異な例とは思われないし、行政通達で具体化された内容をみても、同様の印象を抱く」と述べています。

体験談1

肩書きにだまされるな！

弁護士５年目　女性　使用者側

相手方からの残業代請求

弁護士登録３年目の頃、関東近郊においてフランチャイズで飲食店を展開する会社から、残業代620万円を請求されたと相談されました。

この会社は、この件以前にも労働者から頻繁に残業代を請求されていました。この会社では、労働者に対し、皆勤手当という名目で６万円の固定残業代を支払っており、労働者から残業代を請求されるたびに、固定残業代として全て支払済みであり、未払残業代はないと主張していましたが、労働審判でも訴訟でも、会社の主張が認められたことはありませんでした。

ただし、本件の労働者は、これまで問題となっていた単なる従業員ではなく、「小ブロック長」という役職で、市内にある店舗をまとめる立場にある労働者でした。

そこで、本件では、労働者が管理監督者にあたるので、残業代の支払義務はない、という反論を検討することとしました。

「小ブロック長」の権限

会社の担当者に確認したところ、この労働者は、基本的には本社で勤務し、市内の店舗を統括する立場にあること、市内の店舗については従業員の採用権限も有していること、ただし人が足りない店舗でヘルプとして手伝うことも年に数回あり、このヘルプを拒否することはできないこと、本社で勤務するときも、ヘルプとして店舗で勤務するときも、出勤・退勤時間は定められていること、年収は管理職手当も含めると1000万円を優に超えていることなどが判明しました。

飲食店舗で通常の従業員同様に勤務することがあり、拒否することはできないこと、出勤・退勤時間が管理されていることなど、気になる点はありましたが、広いエリアを統括する相応の権限があることや、相応の賃金をもらっていることなどから、この労働者が管理監督者にあたると解する余地は十分あると考え、そのような理由で残業代の支払義務はないという反論をすることとしました。

労働者からの反論

こちらから前記の反論を行うと、すぐに労働者の弁護士から連絡が来て、弁護士会館で打合せをすることとなりました。

打合せの場では、予想どおり、勤務時間の管理がなされていることの指摘があり、また、労働者が担当するエリアは慢性的な人手不足のため、労働日の2割以上が本社ではなく店舗でヘルプとして勤務していることから、管理監督者にはあたらないという話がありました。さらに、労働者側代理人からは、「会社担当者も当初30万円の解決金の提示をしたということは、管理監督者にあたらないことは会社も認めたといえるのではないでしょうか」という指摘もありました。

最後の点については担当者からも全く聞いたことがない事実で驚きましたが、会社の担当者に確認したところ、管理監督者にあたらないと認めたわけではないものの、社長から、本件を早く終わらせるために30万円での解決金提示を指示され、そのような提示を行ったこと自体は間違いなく事実でした。

適切な落としどころ

私は司法試験でも労働法を選択したため、管理監督者にあたるかという論点は学生時代からよく知っていましたが、具体的なケースでその判断をすることは、容易ではありませんでした。

本件でも、どの事実を強調するかによって、結論は異なり得るように思われました。管理監督者にあたるかどうかという問題は、判決になれば、0か100かという両極の解決になってしまうことが多いですが、本件では中間的なところで話合いをまとめるのが適切な事案であるように感じましたし、労働者側の弁護士も同様に感じていたようです。

話合いがそれなりに進んでいたところで、京都地判平成24年4月17日労判1058号69頁〔28210204〕が「エリアディレクター」という立場の労働者を管理監督者として認めたことを見つけたものの、よく内容を確認すると、裁判例では労働時間の管理がほぼなされていないことが強調されており、本件とは異なるとがっかりもしました。その後、何度か書面のやり取りを経て、最終的には請求額620万円のうち280万円を会社が支払うという内容で和解締結に至りました。

このような事案では、「この労働者は間違いなく管理監督者なんだ！」と、会社がこだわりをもっているケースが多いように思います（本件もそうでした）ので、管理監督者に関する裁判例を用いるなどして、会社の担当者を説得することが非常に重要だと思います。また、労働事件では類似の裁判例があることが多いので、裁判例を調査するという作業が非常に重要だと感じました。

体験談 2

管理監督者の抗弁は初めから諦めるべき？

弁護士 12 年目　男性　使用者側

配車「係」が管理監督者にあたる余地は全くない？

トラックのドライバーからの残業代請求の訴訟を、使用者側代理人の立場で受任しました。このドライバーは、途中、配車係及び総務担当を兼ねていた時期があり、その期間の給与体系は、基本給 35 万円、職務給 15 万円というものでした。会社側の言い分では、「その期間については、額面給与 50 万円に、全てが含まれる」とのことでしたので、いわゆる管理監督者性に関する判例が示した 3 要件を満たすか否か検討したのですが、どうも厳しいような印象しか受けませんでした。と言いますのも、日本マクドナルド事件（前掲東京地判平成 20 年）において、雇われ店長の管理監督者性が否定されたこととの均衡を考えると、配車「係」にすぎないドライバーについては、より一層、管理監督者性が認められないと思われたからです。

そこで私は、そのことを依頼者に説明し、初めから管理監督者の抗弁を主張しないことを提案したのですが、依頼者は、私が運送業界の実情をわかっていないと言わんばかりの口調で、「われわれの業界では、配車係を任されるのは、現場仕事をしてきたドライバーが『事務所に上がる』ことを意味するのです。『事務所に上がる』というのは、実質的に、管理職になるのと同じなんですよ」と説明してくれました。

そこで、私は、内心では無理筋ではないかと思いつつ、まずは依頼者の言い分どおり、管理監督者の抗弁を主張しました。

文献・裁判例を丹念に調査するとともに、当該事案における間接事実を丁寧に拾うのが基本

すると、裁判官は、弁論準備手続期日の際、私の内心を見透かしたかのように、「この管理監督者の抗弁は、『一応主張してみただけ』ということですか？」と尋ねてきました。私は、「いいえ。会社としては、実質的にみて管理職と同じと認識しておりますので、次回までに具体的な事実を補充いたします」と回答したのですが、内心では「困ったな。裁判所の暫定的な心証を踏まえ、この抗弁を争点から落とすことも考えなければ」と思っていたところでした。

そのような折、私は、弁護士会で行われていた研修（使用者側の立場で残業代請求を処理するにあたってのポイントを解説するもの）を受講しました。講師の先生は、この論点について、裁判官が執筆している書籍、須藤典明＝清水響編『労働事件事実認定重要判決50選』立花書房（2017年）内の一文、すなわち、「使用者側としては、どうせ管理監督者性は認められないから、などと過度に委縮する必要はないものと思われるし、仮に管理監督者性が認められないとしても、裁判所に対し、企業の中での当該管理職の立ち位置を具体的に示し、その待遇としても十分なものが与えられていることを示すことは、付加金支払義務の関係において意味があることはもとより、和解による適切な解決を目指すうえでも意味のあることと思われる」との記述を読み上げられました。

早速、私は、前記文献を購入するとともに、裁判例を精査し、本件事案においてヒントになることがないか考えました。そのうえで、依頼者から、当該会社における配車係の序列を示した組織図や、当該ドライバーがサインしている経営会議の議事録等を提供してもらい、主張を補充しました。

結局、この事案では、管理監督者性は認められなかったのですが、私が間接事実を丹念に拾い、言い分を出し尽くしたうえでのことでしたし、結果として裁判所も穏当な和解案を出してくれましたので、依頼者も納得してくれました。

体験談 3

支店責任者の残業代

弁護士７年目　男性　使用者側

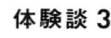

事務所のホームページを見たという会社（A 社）から、従業員（X 氏）より残業代の請求を受けたとの相談がありました。

代表者から詳しい話を聞くと、X 氏は数か月前に自主退職済みであるが、同人の弁護士から、在職中に残業があったが残業代の支払いがなされておらず、その金額を確定するために、就業規則を含めて会社の労務管理状況を開示するよう求める内容証明郵便が届いたとのことでした。

X 氏が法定の労働時間を超える時間の労働に従事したこと及び同人に残業代が支払われていないことに争いはなく、X 氏の弁護士は、争点は残業代の金額のみであると考えているようでした。

「管理監督者」ってありますよね……

しかし、その会社は、不動産取引の仲介及び不動産管理を業とする会社で、東京にある本店では代表者を中心に不動産取引の仲介業を主に扱い、各支店（東北支店・東海支店・関西支店）では各地域を中心に不動産管理業務を行っているという事情があり、X 氏は、東海支店責任者の職にありました。

東海支店の営業に関しては、X 氏の定める方針に基づき、同人の部下が業務遂行にあたっており、部下の賞与等に関しても、X 氏の評価報告を受け、代表者が事前・事後に最終的な決済・承認を行っていましたが、東海支店に関しては、代表者が具体的な命令で X 氏の判断に基づく業務内容に変更を加えるようなことはありませんでした。

したがって、代表者としては、X 氏は管理監督者にあたるから、基本的に残業代は発生しないのではないかと考えていました。

厳しい判断基準

ご存知のとおり、裁判例上、管理監督者該当性はかなり厳しく判断されています。

私自身、X氏の立場や業務内容等からみて、管理監督者にあたるといってよいのではないかと考えましたが、安易なことはなかなか口にできません。ただ、X氏の弁護士の書面からは、管理監督者該当性について検討がなされた様子が全くみえなかったので、ひとまず、X氏の立場・職務内容・労働者としての待遇等を具体的に明示し、管理監督者に該当する以上、残業代の請求には応じかねる旨の回答をすることとしました。

就業規則などでの工夫も必要

X氏の弁護士からすぐに反論があるのではないかと思っていたのですが、それから1か月以上が経過しても音沙汰がありませんでした。

そこで、私から連絡を入れたところ、X氏の弁護士は、あまり労働関係を扱わないのか、あるいは、X氏からの事情確認に不備があったためか、予想していなかった回答だったなどと述べ、本人と協議のうえ方針を決めるとのことでしたが、結局、その後、請求はなされないままとなり、一応の解決をみました。

ただ、X氏の後任で東海支店の責任者となっている従業員との間や、他の各支店の責任者との間でも同様の問題が起きるリスクは依然として残っています。私からは、管理監督者にあたると考える従業員の地位、職務内容及び待遇等については、就業規則や給与規定等の社内規定における判断基準を明示するなどの工夫をするのが望ましいとアドバイスしました。

ワンポイントアドバイス

初めから諦めることなく主張してみよう

「管理監督者の抗弁はほとんど認められない」との固定観念に囚われ、初めから主張を諦める必要はありません。

裁判外の交渉では、体験談３のように、管理監督者の抗弁が効果的に機能することもあれば、体験談１のように、管理監督者の抗弁が、事案解決の適切な落としどころに導くために機能することもあります。また、裁判の場面においても、体験談２のように、仮に裁判官が管理監督者の抗弁を認めないとの暫定的な心証を開示しても、実質的にこの点について配慮した和解案を提示してもらえる場合もあります。

したがって、使用者側の代理人としては、当該労働者の職務権限、責任、労働時間に関する裁量、待遇という面のみならず、企業内での当該管理職の序列等も十分立証して、説得を試みるとよいでしょう（なお、体験談２のように、裁判官から「とりあえず言ってみただけですか」と冷ややかな反応を受けないためにも、訴訟の早い段階から、組織図、職務権限を定めた文書、当該労働者が出席した会議の議事録、賃金台帳等の資料を、証拠として提出することをおすすめします）。

一方、労働者側の代理人としては、管理監督者の抗弁は容易に認められるものではないとして油断するのではなく、前述の３要件の不存在につき、自ら積極的に反証するとよいでしょう。

Method

07 固定残業代

▸ 固定しない裁判例

――議論が錯綜している固定残業代の問題について、裁判例を概観するとともに、ポイントを整理する。

固定残業代制とは

固定残業代制とは、労働基準法37条に定める計算方法による割増賃金を支払う代わりに、定額の残業代を支払う制度のことです。

固定残業代制には、時間外・休日・深夜労働の割増賃金について、①基本給の中に含めて支払う方法（基本給組入型）と、②一定額の手当を支払う方法（手当型）があります。

固定残業代制が有効と認められるための要件

固定残業代制が有効と認められるための要件に関し、リーディングケースとされる最二小判平成6年6月13日労判653号12頁〔27825623〕（高知県観光事件）は、「歩合給の額が、上告人らが時間外及び深夜の労働を行った場合においても増額されるものではなく、通常の労働時間の賃金にあたる部分と時間外及び深夜の割増賃金にあたる部分とを判別することもできないものであったことからして、この歩合給の支給によって、上告人らに対して法37条の規定する時間外及び深夜の割増賃金が支払われたとすることは困難なものというべきであ」ると判示して、固定残業代としての支払いを無効と判断しました。

それ以来、裁判例は、固定残業代制の有効要件として、①残業代の部分と所定内賃金との区別が明確にできることという要件（いわゆる明確区分性の要件）を要求するようになりました。また、②形式上、残業代の形で支払われていても、実際にはそれが残業代以外の別の趣旨で支払われた場合には、それが残業代の支払いとはいえないことは当然であるとして、時間外労働との対価としての性質（いわゆる対価性の要件）を要求するようにもなりました。

基本給組入型について

基本給組入型においては、固定残業代が基本給と明確に区分されているかが問題となることから、前述の高知県観光事件最高裁判決のように、明確区分性を欠くとの理由で、固定残業代に関する使用者側の主張を排斥した裁判例が多くあります。

近時も、医療法人と医師との間の雇用契約において、使用者側が、時間外労働に対する割増賃金を年俸に含める旨の合意がされていたと主張し、裁判所も同事実を認定したものの、「このうち時間外労働等に対する割増賃金に当たる部分は明らかにされていなかった」「そうすると、本件合意によっては、上告人に支払われた賃金のうち時間外労働等に対する割増賃金として支払われた金額を確定することすらできない」として明確区分性を否定し、当該年俸の支払いにより時間外労働等に対する割増賃金が支払われたということはできないと判示した例があります（最二小判平成29年7月7日労判1168号49頁〔28252090〕）。

基本給組入型において、固定残業代の合意が有効とされた例としては、労働条件通知書に「基本給29万2000円　※時間外労働45時間分の固定割増賃金7万1544円を含む」との記載がされていたもの（東京地判平成24年9月4日労判1063号65頁〔28211160〕）、雇用契約書ないし年俸通知書に基本給23万円（入社後26万円）に80時間の時間外勤務に対する割増賃金が含まれることが明示されており、80時間を超える時間外労働については割増賃金を支払っていることが認められるとして、明確区分性が認められないとした原告の主張を排斥したもの（東京地判平成29年10月16日労経速報2335号19頁〔29037725〕）があります。

手当型について

手当型においては、固定残業代が、一応基本給と区別して支給されていることから、明確区分性の要件を欠くと判断されることは、比較的少ないようですが、むしろ、当該手当が真に時間外手当を補填する趣旨で支払われたものであるか（いわゆる対価性の要件を充たすか）が問題になることが多いようです。この点に関する裁判例は、須藤典明＝清水響編『労働事件事実認定重要判決50選』立花書房（2017年）に多数掲載されていますが、対価性の要件の充足性判断にあたっては、①当該手当の金額（通常の労働時間の賃金にあたる部分と比較して、不相当に多くないか）、②当該手当の趣旨（他の趣旨が混在していないかどうか）、特定の職種にのみ対して支給される手当の場合、当該職種に固定残業代の形で支給すべき必然性等の事情が検討されているようです。

残業時間と手当の額が比例関係にあることは必要か？

対価性の要件充足性判断にあたり、「当該手当が、時間外労働がなかったとしても支給されるものかどうか」「各月の残業時間と、支給された固定残業代の額が比例関係にあるか否か」といった点を考慮している裁判例もあります。

この点につき、興味深い例がありますので紹介いたします。

東京地判平成28年2月19日労判1136号58頁〔29016998〕は、当該乗務員の運行によって被告が得た運賃収入に、車種や搬送物等に応じた一定の掛け率を乗じることによって算出される固定残業代（運行時間外手当）について、「ある業務を、法定労働時間外や深夜時間帯に行った場合と、そうではない通常の労働時間内に行った場合とで、支給される前記手当の額に違いはないといえ、そうすると、運行時間外手当が時間外労働等に係る割増賃金の性格を有する手当であるとは認められない」と判示して、使用者側の主張を排斥しました。

その後、最三小判平成29年2月28日労判1152号5頁〔28250738〕（国際自動車事件第一次訴訟）が、傍論ではありますが、「使用者に対し、労働契約における割増賃金の定めを労働基準法37条等に定められた算定方法と同一のものとし、これに基づいて割増賃金を支払うことを義務付けるものとは解されない」との判示をしました。

この判示を受けたものかどうかは議論の余地がありますが、上記平成28年東京地判と同じ会社が被告になった、東京地判平成29年11月29日労経速報233号11頁〔28261922〕は、「その算定方法上、原告らの労働時間との間に時間比例性がないことは、同手当が時間外労働等に対する対価の趣旨で支払われるものでないことを疑わせる事情とはなる」と判示しているものの、「従前より運行時間外手当が時間外労働等に対する対価の趣旨で支払われる旨の共通認識が形成され、実際にも同認識に従った運用がされていた」として、結論として、「運行時間外手当について、その全額が割増賃金、すなわち時間外労働等に対する対価の趣旨で支払われるものであると認めるのが相当である」と判示し、固定残業代制を有効と認めました。労働者側がこの判決に対し控訴したものの、東京高判平成30年5月9日労経速報2350号30頁〔28262558〕は、労働者側の控訴を棄却し、本判決は確定しました。

手当型に関する最高裁判決（最一小判平成30年7月19日労判1186号5頁〔28263272〕について）

薬剤師について、労働条件通知書において「業務手当　10万1000円　みなし時間外手当」との記載があった事案において、最高裁は「雇用契約に係る契約書等の記載内容のほか、具体的事案に応じ、使用者の労働者に対する当該手当や割増賃金に関する説明の内容、労働者の実際の労働時間等の勤務状況などの事情を考慮して判断すべきである」との一般論を示したうえで、当該事案においては、業務手当の支払いをもって、被上告人の時間外労働等に対する賃金の支払いとみることができるとの判断を示しました。

この判決において注目すべきは、前記判示の後、「労働基準法37条や他の労働関係法令が、当該手当の支払によって割増賃金の全部又は一部を支払ったものといえるために、……原審が判示するような事情が認められることを必須のものとしているとは解されない」と述べている点ではないかと思われます。すなわち、本判決の原審は、要旨、「いわゆる定額残業代の支払を法定の時間外手当の全部又は一部の支払とみなすことができるのは、定額残業代を上回る金額の時間外手当が法律上発生した場合にその事実を労働者が認識して直ちに支払を請求することができる仕組み（発生していない場合にはそのことを労働者が認識することができる仕組み）が備わっており、これらの仕組みが雇用主により誠実に実行されているほか、基本給と定額残業代の金額のバランスが適切であり、その他法定の時間外手当の不払や長時間労働による健康状態の悪化など労働者の福祉を損なう出来事の温床となる要因がない場合に限られる」と判示していたのですが、最高裁判決は、この点を不要と判断したことがポイントではないかと考えられます。

なお、この最高裁判決は、裁判所のウェブサイトにも掲載されていますので、一読をおすすめします。

体験談1

「○○手当」で固定残業代?

弁護士6年目　男性　使用者側

労働審判の申立て

弁護士になって3年目の夏頃、ある運送会社の社長から、会社を退職した元従業員(以下「相手方」といいます)より労働審判を申し立てられ、残業代を請求されたとの相談を受けました。相手方は、直行直帰で勤務を行っていたドライバーであり、残業代は、日報をもとに計算した金額で請求をしていました。

しかしながら、会社としては、相手方の残業時間は1日あたり一定時間(2時間とします)で収まるものであると考え、1日につき2時間分の固定残業代を支払っていたことから、相手方に対してそれ以上の残業代の支払義務はないと考えているとのことでした。そこで、相手方の給与明細書を確認すると、基本給とは別に「○○手当」として、基本給の2時間分の給与が支給されていましたが、この「○○」からでは、残業代であることは読み取れませんでした。また、就業規則にも、「○○手当」についての記載はありませんでした。

相手方は、この「○○手当」を既払いの残業代には含めず、また、基礎賃金に加えたうえで残業代の請求をしていました。日報をもとにした残業代も、1日2時間を優に上回るものでした。

他の従業員からのヒアリング

基本給と別に支払われる定額手当が固定残業代として認められるかど

うかについては、(検討した時点において、これを肯定した東京高判平成21年12月25日労判998号5頁〔28161000〕(東和システム事件)や、これを否定した東京地判平成25年2月28日労判1074号47頁〔28213268〕(イーライフ事件)など、さまざまな裁判例がありました。これらの裁判例からすると、当該手当が固定残業代として認められるかどうかは、)就業規則や給与明細等を総合的に考慮したうえ、手当の実質が時間外労働の対価としての性質を有しているかどうかによって判断する必要があると考えられます。

しかしながら、本件の「○○手当」については、一見して残業代とは読み取れず、また、「○○手当」について就業規則や雇用契約書には規定されていませんでした。もっとも、「○○手当」が固定残業代の趣旨であることを認識していた他の従業員がいれば、相手方もその認識をもっていたということが推認でき、「○○手当」が固定残業代としての性質を有していることが認められる可能性があるのではないかと考えました。

そこで、協力してもらえる従業員を社長に慎重に選別してもらい、個別でヒアリングを行いました。そうしたところ、他の従業員から、「○○手当」の「○○」が、遠方の配送先の名称であることから支払われた残業代ということは、各従業員の共通認識であり、相手方もわかっていたはずである、との供述を得ることができました。また、相手方と同じ業務を担当していた複数の従業員から、相手方の残業時間は2時間で収まるはずであり、2時間を超える時間については、配送先から帰るまでにさぼっていた時間ではないか、との供述も得ることができました。

労働審判期日にて

労働審判期日では、前記のとおり協力してもらえた従業員の供述を陳述書にして提出し、「○○手当」は既払いの残業代である、2時間を超える部分には残業代が発生しない旨の主張を行いました。これに対して労働審判官からは、「○○手当」が就業規則や雇用契約書に規定されていないこと、「○○手当」が残業代であることを明確に説明した形跡がないこと等から、「○○手当」については残業代には含まれないとされてしまいました。もっとも、従業員の陳述書に記載した、2時間を超える時間については、配送先から帰るまでにさぼっていた時間であるとの供述が考慮され、労働時間については日報を前提にした時間ではなく、2時間に限られることを前提に算出した和解案が提示され、何とかこれを前提に調停を成立させることができました。

固定残業代が残業として認められない場合には……

この事件では、「○○手当」を固定残業代として認めてもらえませんでしたが、日報に記載された、1日あたり2時間を超える部分について残業代を支払わずに済んだ結果、残業代の基礎となる労働時間を減少させることができました。もっとも、「○○手当」が固定残業代が既払いの残業代と認められなかったため、既払いの割増賃金額が減るにとどまるだけでなく、割増賃金の基礎賃金に上乗せされることになり、未払いの残業代は大幅に増額することとなってしまいました。私が主張していた基礎賃金の金額と、相手方の主張するそれとの差額を見て、固定残業代が認められなかった場合の怖さが身に染みてわかった事件でした。

体験談 2

最新の裁判例までしっかりフォローしよう

弁護士 12 年目　男性　使用者側

運送会社の代理人として残業代請求訴訟を受任

私は、運送会社の代理人として、元ドライバー 3 名からの残業代請求訴訟を受任いたしました。この会社では、ドライバーが上げた売上の 2 割相当額を割増賃金として支給するという制度を採用しており、このような手当が、割増賃金の支払いとして有効と認められるかが争点となりました。

「対価性」とは何か？

この点について、労働者側の代理人は、当該手当が時間外労働の有無にかかわらず支給されるとの理由や、各月を比較して残業時間と手当の額が比例関係にないとの理由から、対価性の要件を充たさないと主張しました。

裁判官も、当該事案では「対価性」の要件を充たさないとして、訴訟の比較的早い段階で、原告の請求金額の 8 割程度を目安とする和解を勧められたこともありました。

国際自動車事件最高裁判決から流れが変わった？

ところが、国際自動車最高裁判決（最三小判平成 29 年 2 月 28 日労判

1152号5頁〔28250738〕）が、「使用者に対し、労働契約における割増賃金の定めを労働基準法第三七条等に定められた算定方法と同一のものとし、これに基づいて割増賃金を支払うことを義務付けるものとは解されない」との判断を示した以降は、流れが変わってきたように見受けられます。

この事件についても、裁判官は、それまで、弁論準備手続期日のたびに「対価性の要件を充たさないのではないか」と指摘していたのですが、私が同判決を主張書面で引用して以降は、そのような指摘を受けることはなくなりました。

全く同じ事案において、裁判所が異なる判断を示したこともある

さらに、下級審において、前述の国際自動車事件最高裁判決を引用し、売上高に比例する形で設計された固定残業代を、割増賃金の支払いとして有効と認める裁判例が出るに至りました。この下級審判決で被告となっている会社は、約2年前、別の労働者からも残業代請求の訴訟を提起され、その際は固定残業代の有効性が否定されて敗訴していますので、やはり、国際自動車事件最高裁判決以来、少し流れが変わってきたのではないかという印象を受けています。

証人尋問及びその後の経過について

私が担当している事案の話に戻りますと、和解協議が平行線をたどったため、尋問手続に移行せざるを得ませんでした。そこで、私は、この運送会社の代表者だけではなく、賃金規程の作成に関与した社会保険労務士にも法廷に同行してもらい、裁判官の面前で、このような賃金制度を設けるに至る経緯、従業員に対する説明内容、その後の経過等につい

て、詳細に証言してもらいました。

その直後、裁判官は、「その後の裁判例や、今日の話で理解が深まり、考え方を改めようと思っている」と述べ、請求棄却筋であるとの心証を開示いたしました。

なお、この事件は、本稿執筆時点では訴訟係属中であり、判決内容にも引き続き注視していきたいと考えています。

体験談 3

「今までは、こうだった」の罠

弁護士６年目　女性　使用者側

でも先生、法律で固定残業代が認められているんですよ！？

「えっ。法律と同じように定めているのに、固定で定めている額を超える残業代を支払わないといけないのですか!?」

これは、とある小学校を運営する学校法人Xから、相談を受けたときの話です。公立の小学校については、「公立の義務教育諸学校等の教育職員の給与等に関する特別措置法」（以下「給特法」といいます）により、給料の月額4% 相当を基準とした教職調整額を支給する代わりに、時間外勤務手当、休日勤務手当を支給しなくてもよいことになっています。そこで、Xも、給特法にならって、給与月額の4% 相当額を教職調整額として支給する代わりに時間外勤務手当及び休日勤務手当（以下「時間外勤務手当等」といいます）については支払わない旨就業規則で定めており、従来はXで雇用されていた教職員たちも、時間外勤務手当等を請求することはありませんでしたが、あるとき突然ある教員が固定残業代を超える額の残業代の請求をしてきたため、Xから私に相談がありました。

「小学校の先生は、残業することが当たり前でそのことについて残業代を請求するなどということはなかった」「公立と私立とで教職員の役割がどれだけ違うというんですか？」ということをXは主張しましたが、Xは私立小学校であり、労働基準法が適用され、給特法は適用されないため、固定残業代についても原則としては、固定残業代を超える労働に対してはその労働に対応した時間外勤務手当等を支払わなければなりません。

あの業務も残業？

しかし、小学校の先生ですと、林間学校など泊まりで生徒を引率する業務があります。宿泊時の睡眠時間中も、生徒が突然病気になったりした際に対応するとなると、手待ち時間として労働時間該当性が認められてしまう可能性が生じてしまいます。

また、Xでは残業が常態化していたため、全教職員から残業代を請求されると、その総額は経営に悪影響を及ぼすおそれがありました。

そこで、Xは、一定額を任意で全教職員に支払う旨の合意を各教職員と締結することで、解決を図りました。また、泊まりで生徒を引率する際には、校長などの管理監督者が労働時間外の対応を行い、他の教職員は対応しないことを徹底することとしました。

昔はよかったは通用しない

このような事例は例外的なものかもしれません。しかし、今まで問題がなかったからと従来のまま放置されている就業規則や労働契約の中には、現在の社会においてはそぐわず、これらをそのまま利用していることが、会社に大きな損害を及ぼすおそれがあるものが存在し得るということを実感した事案でした。

ワンポイントアドバイス

使用者側の代理を行う場合

労働者側の代理人には、最一小判平成 24 年 3 月 8 日労判 1060 号 5 頁〔28180502〕（テックジャパン事件）における櫻井龍子裁判官の補足意見を受け、「固定残業代が有効と認められるためには、当該手当が何時間分の残業代に相当するのかが明確に示されていることが必要」との見解を述べる方もいますが、前掲最一小判平成 30 年〔28263272〕の判示内容からすれば、この点を明示することは望ましいとはいえるものの必須ではないとの反論を、自信をもって行うことができるのではないかと思います。

労働者側の代理を行う場合

一方で、前述の最高裁判決（前掲最一小判平成 30 年）は、「具体的事案に応じ、使用者の労働者に対する当該手当や割増賃金に関する説明の内容、労働者の実際の労働時間等の勤務状況などの事情を考慮して判断すべきである」とも判示していますので、使用者が労働者に対し十分な説明をしていない、手当の額と残業実態が大きく乖離している等、規程の内容が空文化しているとして争う余地も残されているように考えられますので、依頼者である労働者から丁寧に事情を聴取したうえで、主張・立証にあたるとよいでしょう。

和解のすすめ

固定残業代制の有効性判断は、個別事情の総合評価によるところが多く、弁護士の見立てと、裁判所の見解が一致しないことも珍しくありません。

この点について、判決となった場合、労働者側からすれば、固定残業代が有効と認められれば、請求の全部又は大半が棄却されることになります。使用者側からすれば、固定残業代が無効と評価されれば、割増賃金の既払金として評価されない、その部分が割増賃金計算の基礎賃金単価に含まれる（その結果、より高額な割増賃金支払を義務付けられる）、労働基準法114条の付加金支払を命じられる、同じ手当の支給を受けている訴訟当事者以外の労働者にも支払わなければならないのではないかという事実上の波及効果など、より大きなリスクを負うことになります。

そこで、固定残業代の有効性が争点となる事案の処理としては、依頼者にこうしたリスクを説明したうえで、話合いにより穏当な落としどころを模索することも、一考の余地があるのではないかと思われます。

Method

08 残業代不払いに対するペナルティ

▸ 不払いのツケは大きい

――会社側から残業代請求の相談を受けた場合、その社長や担当者が、当該元社員の勤務態度等への不平不満を述べることが多い。しかし、残業代の未払いが、会社にとって大きな不利益を生む可能性があることを認識している方は少ないのが現状である。

遅延利息の算定レートの高さに驚く！

賃金の支払の確保等に関する法律6条、同法施行令1条は、退職した労働者の生活の安定を確保するために、退職の日（退職日の後に支払期日が到来する賃金にあっては、当該支払期日）までに退職手当を除く賃金等の未払いがあった場合、退職の日の翌日から支払いをする日まで、年14.6％の遅延利息を支払う必要がある旨を規定しています。

残業代を含む未払い賃金については、退職後に紛争化することが多いので、紛争が長期化すればするほど会社側が負担する遅延利息の負担は大きくなります。このレートの高さを知らない方も多いので、法的な問題とはなり得ない感情的な不満を述べている使用者への説得材料ともなり、事件解決への糸口になることもあります。

未払い分の２倍も請求されて驚く！過度な期待も禁物！

労働基準法114条により、裁判所は、残業代を支払わなかった使用者に対し、労働者の請求により、未払金額と同一額の付加金の支払いを命ずることができます。

付加金を請求されて「なんで２倍も請求できるんですか？」と驚く相談者がいるのも事実です。ただ、代理人弁護士が付いた労働者は必ずといっていいほど付加金もあわせて請求しますが、現実的に付加金の支払いにまで至る事件は少ないと思われます。付加金は、控訴審の口頭弁論終結時までに、使用者が労働者に対し未払い分を支払っておけば、控訴審では命じられることはないからです（最一小判平成26年３月６日労判1119号５頁〔28222703〕）。また、和解で事件が終了する場合が多いのが現実で、和解においては、判決になれば付加金を加算される可能性があることを考慮して和解金額を調整することは、ほぼないからです。

他方、労働者側の代理人となる場合には、前記理由から付加金部分の回収は現実的には難しいので、依頼者に過大な期待を抱かせないように、事前に十分に説明すべきです。

まさか罰則まであるとは！？

労働基準法119条１項により、残業代を支払わなかった場合、６か月以下の懲役又は30万円以下の罰金を科される可能性があります。使用者側は、残業代未払いについて、経済的な視点で相談してくることが多いですが、罰則への危機感をもって相談する方は少ないと思います。現実的に科されるかは別としても、未払残業代事件は単なる金銭的な問題だけではなく、罰則ひいてはそれが報道等されるとレピュテーションリスクにもつながる問題であることを認識してもらう必要があります。

事件解決への機能

前記のとおり、残業代の未払いについては、退職後の遅延利息について高い利率が規定され、残業代と最大同額の付加金の支払義務を負うリスクがあり、さらには罰則まで規定されています。

感情的な不満に執着している使用者側に対しては、前記リスクを説明することにより、事件の法的問題点に真摯に向き合わせることが可能となり、早期に事件を解決させることにも役立っていると思われます。

付加金は除斥期間

未払い残業代請求権は2年間の消滅時効にかかる（労働基準法115条）ので、受任の時期によっては内容証明郵便等で催告をして消滅時効を中断させる必要があります。他方、付加金については、「違反があつた時から2年以内にしなければならない」と規定されていますが（労働基準法114条ただし書）、こちらは除斥期間と解されており、除斥期間には中断がないので請求する時期に注意が必要です。

体験談１

付加金の２年は除斥期間！

弁護士12年目　男性　労働者側

「できれば話合いで解決したい」依頼者

今ほど残業代請求事件が盛んではなかった時代に、労働者側から残業代請求に関する相談を受けました。私にとっても初めての残業代請求事件でした。

依頼者から「すでに退職した会社ではあるが、お世話になった面もあるので、できるだけ円満に話合いで解決したい。できれば、訴訟などはしたくない」との希望がありました。知識不足を自覚していた私は、書籍を片手に、労働契約の内容、就業規則、実労働時間等の情報収集・確認作業に入りました。

２年の消滅時効完成間近での対応

依頼者から聴取した内容や提供された資料をみると、最初の未払残業代の支給日から、まもなく２年になることがわかりました。さすがの私でも、２年の消滅時効期間（労働基準法115条）については知っていたので、慌てて作業を進め、依頼者が写真撮影していたタイムカード（一部）や依頼者作成の勤務実態のメモ等をもとに、相手方会社に対して内容証明郵便により残業代請求の催告書を送付しました。

ほどなくして相手方にも弁護士が付くことになり、依頼者が勤務していた全期間のタイムカードが送付されてくるなどして、円満な話合いにより事件が進みそうな雰囲気となりました。

相手方の弁護士からも「事実関係を確認中ですが、未払い残業代の支払いに関しては強く説得するつもりなので、もう少しお時間をください」との連絡が入り、私も内心「まぁ、依頼者も請求額満額を希望しているわけでもないし、あと6か月もあるから、解決しそうだな」と、少し安心してしまった部分もあったと思います。

その後も、相手方の弁護士から「（提出を受けたタイムカードをもとに再計算した）請求額に近い金額で説得中なので、2週間ほどいただきたい」等の連絡がたびたびありました。その時点で、和解契約書の内容についても、金額以外の大枠については、代理人同士でほぼ合意できていたことと、金額についても依頼者の希望額を優に超えていたことから、私は「解決は近いな」との感覚で安易に最終回答を待っていました。ところが、このようなやり取りを続けているうちに、あっという間に時効完成が心配になる時期になってしまいました。

当初から私は「消滅時効の問題もあるので、早めの回答を求めていた」こともあり、相手方の弁護士も「さすがに、そこまではかかりません」との対応だったことから、事件の解決を甘くみていました。とはいえ、さすがに時効完成の1か月ほど前になると私も焦り始めました（遅いのですが……）。すると、突然、相手方の弁護士と連絡が全くとれなくなり、慌てて訴状作成の準備に入らざるを得ない状況に陥りました。後からわかったことですが、相手方の弁護士が急病で入院してしまったそうです。

「2年」といっても意味が違った

訴状を作成するとなると、内容証明を作成するのとは勝手が違い、細かな構成や計算などにも注意を払わなければなりません（そこに差をつけてしまうこと自体が間違っているとは思いますが……）。私としては「時効完成前には絶対に提出しなければ！」との気持ちで、マニュアル本などを含む書籍をあれこれ引っ張り出して、訴状を作成していきました。そして、残業代計算ソフトへの入力結果をみると「あれ？　付加金の金額が少なくない？　ソフトの不具合？」などと思い、念のため書籍を確認してみました。そうです、恥ずかしながら私は「付加金については消滅時効ではなく除斥期間（労働基準法114条ただし書）である」ことをそこで初めて知ったのです。当然、依頼者へ謝罪し、説明をすることになりましたが、もともと話合いでの解決を希望していた依頼者だったので、依頼者との関係では特に問題はありませんでしたが、今では大いに反省しています。

裁判では、大きな争点もなく、裁判所や相手方弁護士の強い説得もあり、こちらの希望どおりの和解が成立したため、依頼者にも満足していただき、事なきを得ました。ただ、事件解決への甘い見通しや、知識不足、準備不足について大いに反省させられる事件でした。

最近では、残業代請求は、過払金請求にとって代わるビジネスモデルのようにいわれていますが、細かい計算や争点を考えると、今では「そう簡単なものではない」と痛感しています。

体験談 2

付加金の支払いは裁判の終了？

弁護士４年目　男性　労働者側

付加金を請求するには？

弁護士になって１年も経たない時期に、「連日、時間外労働を事実上強制していたにもかかわらず、時間外労働に対する割増賃金（残業代）を一切支払ってくれません。時間外労働に対する割増賃金分を全額請求できませんか？」との相談を受けました。

悪質な会社だと思ったので、私としては、未払残業代と同額の支払いを命じることができるとする付加金の請求もしたいと考えました。

お恥ずかしい話ですが、当時私は、労働事件であればまずは労働審判の申立てをするという理解をしていたので、当初は、今回も労働審判の申立てをしようと考えていました。しかし、申立書を作成している段階で、労働審判委員会が下す労働審判は、厳密には付加金の支払いを判断する裁判ではないため、付加金の支払いを求められないということを知り、労働審判の申立てをせず、訴訟を提起することにしました。

第一審判決後の付加金の支払いの意味？

第一審判決では、未払残業代請求が認められただけなく、付加金についても支払いを命じる判決となりました。

相手方は、一審で激しく争っていましたし、認容額がかなり高額となったので、私としては、すぐに控訴されるだろうと思っていました。しかし、控訴期間を経過する前に、相手方の弁護士から、付加金部分を除いて、「一審判決に従った額を支払うので、振込み先口座を教えてください」との連絡を受けました。

私としては、拍子抜けするとともに、相手方からこのような任意の弁済の申出があったため、相手方は、もはや控訴もせず、裁判を終わりにする意図かと思い、依頼者にもそのような説明をしてしまいました。

しかし、弁済を受けた後に、控訴され、控訴審でも争うことになりました。

最初、相手方の言動が理解できませんでしたが、相手方は、「使用者が、裁判所の命令があるまでに未払金の支払いを完了しその義務違反の状況が消滅していたときには、もはや、裁判所は付加金の支払いを命じることはできなくなると解すべきである」との最高裁判例を前提にした言動だったのだと知り、勉強不足を痛感しました。

労働審判を選択したら、付加金の支払いを判断されることがないことや、一審後に付加金の支払いがなされた場合にも、事件が終了するわけではないことなど、付加金１つをとっても、その制度の運用や判例等を十分に調査し、依頼者へ説明すること、手続を選択する必要があることを痛感した事件でした。

体験談３

残業代未払いの大きなリスク

弁護士 11 年目　男性　使用者側

始まりは解雇の問題だったのに

知人の紹介で会社の社長から従業員の解雇の相談を受けました。事情を確認すると「入社１年半の若い従業員の勤務態度が悪すぎるので、懲戒解雇にしたい」とのことでした。しかし、事実関係からは、懲戒解雇どころか普通解雇も難しい状況でした。よくよく聞いてみると、その従業員も会社にかなり不満をもっているようなので、有効な解雇となるための要件を説明したうえで、「解雇ではなく、従業員から退職してもらうように説得すべき」とのアドバイスをしました。

数日後、社長から「お陰様で無事に退職という形で決着しました」とのお礼の電話をいただき、私も解決したと思い込んでいました。

数か月後の残業代請求

しかし、その数か月後、社長から「あの従業員が内容証明郵便で未払残業代の請求をしてきました」との電話があり、事務所で対応についての打合せをすることになりました。

まず、事実関係の確認をしたところ、「確かに多少の残業はあったが、今回の請求額は多すぎる」「タイムカードなどでの労働時間の管理はしていない」「休憩時間が1時間なのに、ヤツは2時間休憩していることが多々あった」「残業代を全額払っていたら経営が成り立たない」等々社長には社長なりの言い分はあるものの、会社側が残業代を払う必要があることは明らかでした。後は金額の問題だと判断し、「早急に労働時間、残業時間・休憩時間の調査・確認を行い、先方の請求内容と照合してください。そのうえで、正当な請求である限り、会社は残業代を支払う必要があります」と伝えたところ、社長は渋々ながら納得してくれました。

しかし、ここで問題人物が登場してきました。打合せに同席していた創業者である会長です……。会長は「飼い犬に噛まれた気分だ」「半人前のくせに残業代を請求するなんて百年早い」「利益も上げていないくせに、こちらが損害賠償を請求したいくらいだ」等々、従業員への不満を述べたうえで、「結論としてウチ（会社）は1円も払う気がありません」と言って席を立って出て行ってしまいました。

その後、社長に対しては、労働時間の管理については会社側の責任であること、残業代未払いについては退職後の遅延利息が14.6%と高いレートであること、裁判になれば付加金が加算される可能性があること、場合によっては罰則のリスクまであること等を説明し、残業代の金額について交渉し話合いでまとめる方がよいとのアドバイスをして、納得していただき、その日の打合せは終了しました。元従業員との交渉については会社で対応するとのことだったので、この時点では受任せずに法律相談という形で終了しました。

労働審判の申立て

その後、数週間が経った頃、社長から慌てた声で「相談した従業員から裁判を起こされました！」との電話連絡が入りました。事情を確認したところ、社長は会長を説得できず、結局1円も支払わない対応をしたとのことでした。

答弁書の提出期限を確認したところ、数日後だったので、「慌てた様子だったけど放置してたな……」と思いつつ、訴状をFAXするよう依頼して内容を確認したところ、FAXで送られてきたのは労働審判の申立書でした。

私は、慌てて社長に連絡し、労働審判は期日が原則3回以内であること、第1回目の期日が最重要であり、答弁書や証拠を充実させる必要があることを伝え、急遽打合せを入れて対応せざるを得ない状況になりました。

結末は……

労働審判では、無事に2回目の期日で調停が成立しましたが、ここでも会長が前記のような不満をぶちまける場面があり、労働審判官・労働審判員に（私が社長に説明した）残業代未払いのリスクを説明していただき、渋々納得していただき（諦めていただき）ました。

労働審判では先方も弁護士を立てたため、解決金額の調整にあたり、弁護士費用も考慮され、結局は会社が損をしている状況でした。私としては、労働審判になる前に解決できる事案だったと思いますので、社長と会長に対して、もっと残業代未払いのリスクを丁寧に説明すべきだったと反省した事案でした。

ワンポイントアドバイス

普段からの体制作りが最重要

残業代請求の事案は、労働者から請求されてはじめて弁護士に相談する使用者がほとんどなので、弁護士としては紛争に対して事後的に対応せざるを得ません。しかしながら、紛争を未然に防止するためには、採用時の労働者への説明、就業規則の整備、労働者の管理等、使用者の事前の対策が必須です。弁護士としては、事後的対応への手助けだけではなく、普段からの体制整備について、積極的に法的アドバイスをすることにより、結果的に労使間の紛争を防止できることが理想です。

和解の場で、和解条項に口外禁止条項を盛り込むとき、使用者側には、レピュテーションリスクという視点よりも、他の社員からの残業代請求を防止したい、との思いが強いように思います。使用者に対して、前述のリスクを説明して、使用者側の意識改革から始めてもらうことが必要かもしれません。

Method
09 懲戒処分

▸ 制裁だからこそ冷静に

――懲戒処分を下そうとしている企業は非行社員からさまざまな迷惑を受けていることから熱くなっていることがしばしばある。そんなときこそ法律家が要件という観点から冷静に助言できるよう心がけたい。

懲戒処分についてのおおよその考え方

使用者の労働者に対する懲戒権の根拠については、固有権説か契約説かという原理的な論争がありますが、実務上は、「使用者が労働者を懲戒するには、あらかじめ就業規則において懲戒の種別及び事由を定めておくことを要する」とする平成15年のフジ興産事件最高裁判決（最二小判平成15年10月10日労判861号5頁〔28082706〕）の示した要件を押えておくことが大切です。

刑事法の分野の罪刑法定主義の考え方と親和的ともいえます。

懲戒処分の有効要件

労働契約法15条は、「使用者が労働者を懲戒することができる場合において、当該懲戒が、当該懲戒に係る労働者の行為の性質及び態様その他の事情に照らして、客観的に合理的な理由を欠き、社会通念上相当であると認められない場合は、その権利を濫用したものとして、当該懲戒は、無効とする」と定めています。

労使いずれの立場であっても当該有効要件に沿って有効性をチェックすべきです。各要件に関し、若干の留意点、補足説明をしておきます。

①懲戒処分の根拠規定が存在するか

ほとんどの使用者は、いかなる非違行為が懲戒処分の対象となるか、懲戒の種類・内容・効果を定めた就業規則を保有していると思いますが、就業規則は、労働者に実質的に周知されていることが必要です。また、懲戒事由が就業規則に定められている場合であっても、当該行為が懲戒事由に該当するか否かの判断において合理的な限定解釈がなされることがあります。例えば、具体的な非違行為の列挙に続けて「前各号に準ずる行為に及んだとき」を懲戒事由とする場合もありますが、企業秩序維持のために看過し得ない行為をいうなどと限定解釈されることがあります。こうした包括的な規定を根拠規定として懲戒処分を行うときは注意が必要です。

②非違行為が懲戒事由に該当するか

この点に関し、懲戒処分通知に記載しなかった非違行為を処分理由として追加できるかという問題があり、最高裁は「懲戒当時に使用者が認識していなかった非違行為は、特段の事情のない限り、当該懲戒の理由とされたものでないことが明らかであるから、その存在をもって当該懲戒の有効性を根拠付けることはできない」としています（最一小判平成8年9月26日労判708号31頁〔28011319〕）。懲戒処分通知の作成段階から使用者側として関与できるときは、重大な非違行為の認識漏れや記載漏れがないかなどのチェックが必要です。

使用者側の問題として、仮に懲戒事由に該当せず懲戒解雇として無効とされる場合でも、普通解雇に転換して解雇することが許されるかという問題があります。肯定的な裁判例もありますが、元来懲戒解雇と普通解雇は異質なものであることや、労働者の地位の安定性の見地から、否定的な裁判例も多いです。こういった法的に不安定な主張をすることは避けるべきでしょう。

③当該懲戒処分が社会通念上相当であるといえるか

懲戒処分は、当該行為の性質・態様その他の事情に照らして社会通念上相当なものと認められない場合は無効となります。考慮すべき事情として以下のようなものがあります。

ア）比例原則

非違行為の態様、動機、業務や他の労働者等に及ぼす影響、損害の程度、労働者の地位、勤務歴及び処分歴、情状、非違行為発覚の経緯等に照らし、不当に重い処分とならないことが必要です。考慮要素や選択すべき処分の重さについて、国家公務員の懲戒処分の目安である人事院事務総長発「懲戒処分の指針について」（人事院事務総長発平成12年3月31日職職-68）が参考になります。

イ）平等原則

同じ企業で同様の非違行為に対し、異なる懲戒処分を行うことは避けるべきです。過去に同様の非違行為についてどのような懲戒処分をしたのか（黙認されてきたといった事情がないか）のチェックが必要です。

ウ）適正手続（告知・聴聞、弁明の機会の付与等）

就業規則、賞罰規程等に懲戒処分を科すための手続規定があるときはこれに則ったものであるかについてのチェックは重要です。企業自ら手続を定めておきながら、それに違反しているとすれば手続上のミスは大きいといえます。一方、こうした手続規定がないことも少なくありませんが、規定がないからといって告知・聴聞等の手続が不要と即断すべきではありません。

懲戒処分の相談を受けたとき

使用者から、問題従業員に対し懲戒処分にしたい、という相談を受けることがあるかと思います。聞き取りをしていると、使用者が主張する非違行為の内容からすると就業規則の定める懲戒事由に該当するといってよいか悩ましいケース、懲戒事由には該当するといえそうだが、使用者が選択した（しようとしている）懲戒処分が重きに失し相当性を欠くと思われるケース、弁明の機会を付与したか等の手続の相当性が疑われるケースに直面することもあります。

そのようなとき、依頼者にどのようなアドバイスをすべきでしょうか。この点、決まった答えがあるわけではありませんが、あくまで一例として私の場合を紹介すると、使用者が懲戒解雇や諭旨退職等の放逐型の処分を検討している場合、労働者に与えるダメージも大きく、労働者から訴訟等を提起される可能性も高くなります。そこでもし企業秩序維持のためにとった処分の効力が否定されるようなことになれば本末転倒ですから、「もし私が労働者側代理人になるとしたら」などと前置きをしたうえで、考えられるリスクを説明し、再考を促したり、慎重に検討してもらうようにしています（それでも企業が放逐する処分を敢行することもしばしばありますが）。一方、出勤停止、減給、戒告・譴責のような処分については、労働組合の加入者である等の事情がなければ比較的争われる可能性は低いといえますので、前記懲戒処分の有効要件のうち、相当性の要件の具体的内容を説明したうえで、企業に選択を委ねるようにしています。なお、減給の範囲については、1回の額が平均賃金の1日分の半額を超え、総額が一賃金支払期における賃金の総額の10分の1を超えてはならないと定める労働基準法91条の規制に注意してください。

体験談1

相当な懲戒処分の選択

弁護士6年目　男性　使用者側

管理職従業員の問題行動

私が相談を受けた会社は、従業員が10名弱の中小企業でした。懲戒処分対象者A氏は、20年以上前に中途採用で入社した人で、従業員の中で在籍年数が最も長く、中間管理職の地位にありました。

会社の話では、A氏は、以前から細かいミスが多く、何度注意をしてもほとんど改善がみられず、部下から間違いを指摘されることも多々ある等、そもそも管理職としての能力に欠ける面はあったものの、年功序列的な人事慣行もあって中間管理職に就けたようでした。

ある時、A氏が会社の信用問題にもつながりかねない重大なミスを犯し、上司が厳しく注意し、懲戒処分である譴責として始末書の提出を求めたところ、A氏は翌日から体調不良を理由に医師の診断書を提出して数か月の休職を求めました。これに対し、会社はA氏に対し休職を命じました。問題はここで収まらず、A氏は休職期間中、上司から受けた注意等がパワーハラスメントであるとして、所管の労働基準監督署に怪文書を送付したり、取引先に自身が休職する理由として同様の怪文書を送付したりするという行為に及びました。

これを受けて、会社に労働基準監督署の調査が入り、会社から経緯を説明したところ、会社側に特に落ち度はないとの理解が得られましたが、社長をはじめ役員一同は、取引先からも事情の確認を求める連絡が多発し、取引先の会社に対する信頼が損なわれたことを重視し、A氏には退職を求めようと考えました。

懲戒解雇は重すぎる

A氏は、会社の退職勧奨に応じませんでした。そこで、A氏の行為のうち、業務ミスが繰り返され注意を受けても改善しない点が就業規則に定める懲戒事由である「勤務に不熱心にして数度の注意にもかかわらず、改悛の情がないとき」に該当し、事実に反しA社においてパワーハラスメントがあった等と記載した文書を複数の取引先に送付した点が同様に懲戒事由である「会社の信用を傷つけ、又は名誉を汚すような行為をしたとき」に該当するとして、懲戒解雇を含む処分を検討することになりました。

しかし、A氏の業務ミスは別の従業員のサポートによって会社に実損害を与える事態とはならずに済んでおり、また、会社の温情もあってこれまでA氏に懲戒処分が科されたという経緯はなかったこと等の事情があり、懲戒解雇の有効性が争われた裁判例からうかがえる基準に照らすと、懲戒解雇は相当性を欠くと考えられました。

では、どの懲戒処分を選択しましょう？

会社の就業規則上、懲戒処分として、最も重い懲戒解雇のほか、出勤停止、減給、戒告・譴責、役職剥奪が定められていました。

これらの懲戒処分の中から、非違行為の内容等に照らして相当なものを選択することになるわけですが、この会社では、創業以来、従業員に対して、戒告・譴責以外の懲戒処分を科したことがありませんでした。裁判例や文献を調査しましたが、懲戒解雇の有効性に関しては多数の事例が集積され解説も充実していますが、その他の懲戒処分に関しては確たる基準を見いだすのは困難であり、アドバイスに困りました。

会社と打合せを重ね、懲戒処分の有効性に関する法的な考え方を説明のうえ、A氏の能力面の問題及び会社の信用を害する行為に対して、あまりに軽い処分で臨みこれを座視することは、会社全体の規律を害することを重視し、役職剥奪処分を科すこととしました。

相当性の判断

会社は、役職剥奪処分後にＡ氏の従事する仕事内容の検討にも苦慮したようですが、しばらく異議等は申し立てられずに経過していました。ところが、Ａ氏は、役職剥奪に伴い賞与支給基準上の評点が低下し、また業務遂行態度・成果が標準より低いレベルにあったこともあり、賞与が前年より大幅に減額されたことを受け、役職剥奪の懲戒処分が無効であるとして、自身が従前の管理職の地位にあることの確認等を求める訴訟を提起しました。

訴訟では、役職剥奪の処分としての相当性の判断にあたって、Ａ氏の管理職者としての業務遂行態度・成果が及第点に及ばなかったとの判断に用いられた評価基準及び評価方法等が争点になり、期日が重ねられましたが、最終的に、会社が解決金を支払う一方、Ａ氏が自主退職する形で和解が成立しました。弁護士としては、積極的に役職剥奪処分が懲戒処分として、重きに過ぎず軽きにも過ぎず、まさに比例原則に則った相当なものであるというためには、どのような主張・立証を尽くすべきなのか迷った事案でした。背景には、Ａ氏としても職場にいながら訴訟活動を続けることに疲弊したという事情もあったと思われますが、和解で訴訟を終了させることができてよかったと思います。

体験談 2

懲戒解雇が有効とされた事例

弁護士 13 年目　男性　使用者側

教育機関の経理課長

高等学校を設置する学校法人である使用者から受けた相談は、高等学校の経理課長（非教員）のＢ氏を懲戒解雇できないかというものでした。

Ｂ氏は、高等学校が学内で使用する備品を特定の業者から購入するにあたり、理事会において通常価格よりも高額での購買決定がなされるように、学内決裁手続において便宜を図り、その謝礼として学校法人が支出した金額の一部のキックバックを複数回にわたり受け、その謝礼の合計額は数百万円に上ることが疑われるとのことでした。

出勤停止命令と賃金

学校法人は、疑惑が生じてすぐ、事実関係の調査及び証拠隠滅の防止を目的として、Ｂ氏に対し出勤停止を命じました。その際、出勤停止期間中の賃金について全部又は一部を支払わなくてもよいか相談を受けました。さまざまな考え方があり得るのですが、このケースでは労働者に帰責事由がある不就労（出勤停止命令）と評価することとし、出勤停止期間中の賃金の全部を支払わないこととしました。Ｂ氏は、キックバックを受領していたこと自体は認めましたが、受領したキックバックの金額等について隠すような態度をとるなどしたため、裏付け調査のため出勤停止期間を当初の予定より延ばすことになりました。幸いＢ氏からクレームは起きませんでしたが、調査期間が相当長くなった場合でも出勤停止命令の全期間、賃金の全額を不支給としてよいかについては慎重に検討した方がよいかと思います。

弁明の機会の付与

学校法人は、その賞罰規程に基づき、B氏に対し、弁明の機会を付与することにしました。総務部長が手続を主宰することになっていましたが、私は学校法人の依頼を受けて、主宰者の補助者として弁明の機会に同席することにしました。B氏が手続の場で参照できるよう就業規則のほか、主宰者のトーク内容や想定問答集を用意して臨みました。弁明の機会の日時・場所をあらかじめB氏に通知したところ、B氏から代理人弁護士も同席させたいとの申出があったので、許可することにしました。ただし、事実関係に関して弁明を聴くことが目的であることを理由に、事実関係について直接経験していない代理人は発言を慎しんでほしいということを要請しました（それでもB氏代理人は発言していました）。B氏の同意を得て、手続の様子を録音しました。B氏は、キックバックの受領を認めるものの、受領した金額は学校法人の認定した金額よりも少なく、しかも自己申告ベースであるが受領した金銭については学校法人の指示に基づき学校法人の口座に送金済みであるという弁明をしたうえで、懲戒解雇は回避してもらいたいなどと意見を述べました。

懲戒解雇と除外認定

その後、学校法人は、B氏の弁明を踏まえても懲戒解雇が相当であると判断し、理事会に諮りB氏を懲戒解雇とすることに決定しました。

ただし、学校法人の就業規則には、懲戒解雇について、解雇予告手当を支給することなく即日解雇するとの規定がありました。しかし、私は、労働基準法20条3項との関係で、学校法人に労働基準監督署に除外認定の申請をするよう助言しました。しかし、除外認定をする基準は通達で社内で窃盗・横領・傷害等の行為があったときなど極めて限定されているため、除外認定を受けることはできませんでした（B氏の非違行為は横領その他犯罪に該当するとまでは言いがたいものでした）。そこで、解雇予告手当を支給したうえで懲戒解雇を通知することにしました。

懲戒解雇と解雇理由の証明

学校法人は、懲戒解雇通知書をB氏の自宅に内容証明郵便で送付しました。そうすると、B氏代理人から解雇理由の証明を求められました。これは想定していましたので、あらかじめ用意していた学校法人の認定した具体的な非行事実や就業規則の懲戒解雇の根拠となる規定を記載した解雇理由証明書を送付しました。

地位確認訴訟

すぐにB氏は、学校法人を被告とする地位確認訴訟を提起しました。訴訟でも、B氏は、弁明の機会において述べていたのと同様に、業者からのキックバック受領の事実を認めるものの、自己申告ベースで受領した金銭を学校法人に返還したことなどに鑑みると懲戒解雇は相当性を欠くなどと主張しました。

第一審では、原告の請求は棄却されました。控訴されましたが、控訴審でも懲戒解雇は有効との心証が示され、学校法人側に有利な条件で和解することになりました。

教員でないにせよ教育機関の職員が不正な謝礼を受け取るという行為の悪質性に鑑みれば、裁判所としても懲戒解雇はやむを得ないと評価してくれたようです。もっとも、手続については悩ましい点もありましたが、全体を通じて弁護士が関与したことで適正を確保しながら進めることができたということも学校法人にとってよい結果につながったとみています。

ワンポイントアドバイス

パワハラ行為を懲戒処分の対象とする根拠規定はあるか？

セクシャルハラスメントについては、平成９年の男女雇用機会均等法の改正を受けて、就業規則に同法11条や「事業主が職場における性的な言動に起因する問題に関して雇用管理上講ずべき措置についての指針」（平成18年厚生労働省告示615号）いわゆるセクハラ指針を下敷きにした形で非違行為として規定されていることが多いのですが、パワーハラスメントについては、議論はあるものの、いまだ法令に明確に定義されるに至っていないことなどから、就業規則の懲戒事由として記述していない企業等も少なくありません。企業等から「部下に対するひどいいじめ行為に及んだ。けしからんので、この上長を懲戒処分の対象としたい」という相談を受けたので、処分前に就業規則を確認したところ、パワハラ行為を懲戒事由とする規定が見当たらなかったため、職務権限の逸脱や濫用は許さないなどの別の規定に該当しないかと検討したこともあります。

最近は、アカハラ、マタハラ、パタハラ、オワハラなどの言葉も登場し、ハラスメント（いやがらせ）概念が広がりをみせています。パワハラに限らず、企業等が問題視する行為が就業規則上の懲戒事由・処分においてカバーされているかを再度確認し、場合によっては、社会環境の変化に対応した懲戒事由・処分の見直しについて助言することが求められます。

Method 10 | ハラスメント（使用者側）

▸ 甘い調査には辛い助言を

――ハラスメント問題は、労働者、行為者、使用者等多数者の利害が絡む事案であり、相談を受けた弁護士は事実関係を正確に捉えたうえで、実態に沿う解決を図らなければならない。そのためにはハラスメント問題の近年の裁判所の事実認定の傾向について正確な理解をしておくことが必須である。

パワーハラスメント（パワハラ）

現行法令上、定義されていませんが、「同じ職場で働く者に対して、職務上の地位や人間関係などの職場内の優位性を背景に、業務の適正な範囲を超えて、精神的・肉体的苦痛を与える又は職場環境を悪化させる行為をいう」との提言があります（厚生労働省　職場のいじめ・いやがらせに関する円卓会議による「職場のパワーハラスメントの予防・解決に向けた提言」（平成24年3月15日））。

セクシャルハラスメント（セクハラ）

職場において行われる性的な言動に対するその雇用する労働者の対応

により当該労働者がその労働条件につき不利益を受け、又は当該性的な言動により当該労働者の就業環境が害されることと定義することができます。男女雇用機会均等法11条1項は、これらにつき当該労働者からの相談に応じ、適切に対応するために必要な体制の整備その他雇用管理上必要な措置を講じなければならないと規定しています。

職場環境配慮義務

使用者は労働者が労働するにあたり、「その生命、身体等の安全の確保」をするよう配慮するべき義務があり（労働契約法5条)、その具体的内容の1つとして、労務遂行に関連して労働者の人格的尊厳を侵し、その労務提供に重大な支障を来す事由が発生することを防ぎ、又はこれに適切に対応して、職務が労働者にとって働きやすい環境を保つよう配慮する義務があると解されています。

そして、セクハラ、パワハラについては、前記労働契約法上の職場環境配慮義務を前提に、会社側に防止する義務があるとされています。

当該従業員がセクハラ・パワハラ行為により損害を被った場合には、セクハラ・パワハラを行った従業員には不法行為責任（民法709条）が課され、使用者側も使用者責任（同715条）が発生する場合があり、場合によっては会社役員等の損害賠償責任（会社法429条）が認められることもあります。

使用者側からみるハラスメント

職場環境配慮義務を前提に、日常から使用者にはハラスメント防止対策の対応を検討するようアドバイスする必要があります。その対応策としては、セクハラについては「事業主が職場における性的な言動に起因する問題に関して雇用管理上講ずべき措置についての指針」（平成18年厚生労働省告示615号）が参考になります。これには、事前の措置だけでなく、問題が生じた場合の事後の対応についても定められています。

使用者側からすると、ハラスメント問題が発生した際、被害者として訴えている従業員の対応、加害者とされている従業員の対応、ともに慎重な対応を要求されることになります。そもそもハラスメント問題が生じたこと自体、会社のイメージを多大に損なわせることになるうえ、被害者側からは使用者責任、職場環境配慮義務違反による訴えを起こされる可能性があり、また、事後対応として行った加害者とされる従業員の処分のあり方によっては、処分をされた従業員から処分が不相当として訴えを起こされる可能性もあります。

ハラスメント問題については、双方が納得する形で話をまとめられるのが一番の解決となることが多いと考えますが、そのためには双方の話を十分に聞き、関係者全員が了解可能な結論を導き出せるようアドバイスできることが求められます。

この点、気を付けるべき重要なポイントは、ハラスメントを受けたとして訴えている従業員のプライバシー及び会社における処遇等が挙げられます。被害申告者本人の意向を十分に確認する必要があるとともに、会社側の配慮不足の調査による二次被害の防止についても十分な配慮が必要です。

また、ハラスメントをしたと訴えられている従業員については、本人の認識ではなく客観的にどう評価されるかで判断されることをよくよく指導しても、「自分は恋愛だと思っていた」「相手は同意していると思っていた」というような弁解がなされることもあります。確かに、職場恋愛の破たんがハラスメントの主張に化けたと思われる事案もありますが、一方で、外形上同意しているようにみえても被害者心理から強く抵抗できない事案もありますので、こうした弁解の信用性については慎重に判断するよう助言すべきです。

なお、ハラスメントに対する理解が乏しい風潮の会社もいまだ存在しており、この場合は、判断を下す側の会社代表者や役員に対し、従来の判例などを提示し、職場のハラスメントが労働者の権利を侵害するだけでなく、就労環境や生産性に悪影響を及ぼすことについて十分に理解してもらう努力も必要となるでしょう。

甘い調査に対しては辛い助言を

ハラスメントをしたと訴えられる側の従業員は、自分がハラスメントをした、という認識がなく、突然の訴えに非常にうろたえ、又は怒りを覚えている場合があります。例えば、真摯な業務指導の一環である、被害を訴えている側と真剣交際していた、相手の合意があった、相手が嫌がっている様子がなかった等です。会社側役員や、その担当する弁護士の中には、これらの言葉を信用し、ハラスメントを訴えている側と真剣に向き合わずに放置してしまう場合もあります。

しかし、行為者側の言い分はともかく、裁判例では、実際に交際をしていた場合であっても、双方の関係性等の事情を考慮すると同意があったとはいえないとして、違法なハラスメントであると認定されている事案もあります。先入観を捨ててよく調査すれば深刻な被害事案である可能性があるにもかかわらず、職場交際のもつれであるなどと会社側が安易に総括しようとしていたり、使用者が加害者の見解に惑わされていたりする可能性があるときは、被害者心理を考慮した裁判例の考え方をしっかり伝えて慎重な調査を促す必要があります。

例えば、アメリカの心理学者Ｆ・Ｍ・オクバーグ氏が、強姦等の犯罪被害者については、通常のPTSDの症状に加え、自分が恥ずかしいと感じる、自責の念が生ずる、無力感や卑小感が生じて自己評価が低下する、加害者に病的な憎悪を向ける、逆に加害者に愛情や感謝の念を抱く、自分が汚れてしまった感じをもつなどの症状があることを指摘していることなどを踏まえて被害者の合意の抗弁を排斥したもの（熊本地判平成9年6月25日判時1638号135頁〔28031933〕）、自衛隊の非常勤隊員が空曹長から人事上のことを聞きたいと数回呼び出され、突然抱きしめられてキスされた。その後、映画に誘われ、ラブホテルに連れ込まれて性交渉後も１年前後性的関係が継続したという事案において、メールの内容をみると真剣な交際をしていたとは窺われない。被害者が自らの意思で加害者との性交渉に応じ、加害者と交際しながら他の男性との交際を加害者に語り、その後も関係を続けていたというのはいかにも不自然であるなどとして被害者の同意を認定した一審判決を覆したもの（東京高判平成29年4月12日労判1162号9頁〔28253657〕）があります。

体験談１

セクハラ相談の敵は弁護士

弁護士10年目　女性　使用者側

人事部からの３件の相談

X社の人事部に対して３件のセクハラ相談がありました。Aさんは日常的に直接の上司から容姿について評価されるような言葉を発せられたり、飲み会などで肩や腰に手をあてられたりすることが苦痛であると訴えてきました。Bさんは元上司から肉体関係を求められており、完全なセクハラ行為なので元上司をクビにしないと会社と元上司を訴えると言っています。Cさんは部署内の部長が自分だけでなく部内全員の女性に対して日常的に髪型、体型、洋服や化粧の評価をしてきて不快であると言っています。

人事部から対応について相談をされた際、私は三者三様の対応が必要であると考えました。Aさんは何とかしてほしいが直接の上司であり、自分が訴えていることを知られたくないうえ、会社内で大ごとにしたくないという希望がありました。Bさんはかなり怒っていて、対応次第では会社も一緒に訴えられかねない状況でした。Cさんについては自分だけの問題ではなく皆が苦しんでいるということでしたが、直接の上司であることから、自分が訴えていることは特定されたくないという様子でした。

A さんへの対応

A さんについては、A さんに直接ヒアリングをして、会社にどういう対応を求めるか人事部に確認してもらうことにしました。A さんは直接上司への指導や処分等を求めるということはなく、できれば自分が別の部署に異動したいという希望をもっていました。そこで社内で検討し、A さんについてはタイミングをみて別の部署に異動、直接の上司についてはA さんからの訴えがあったということは伝えず、個別面談を行ったうえで意識改革に努めることとしました。

B さんへの対応

B さんについては状況として非常に深刻であり、かつB さんは元上司に対しこの訴えを知られたくないというよりはむしろ厳しい処罰を求めていたため、まずは元上司を呼びヒアリングをすることとしました。元上司の話を聞くと、B さんが非常に積極的であり、食事なども2人で行こうと誘われたりしていたことから、B さんが自分に気があると思っていたとのことでした。2人で食事をしたことは何回もあり、恋愛感情がお互いにあると思っており、自分からの誘いも嫌な思いをしているとは思いもよらなかったとのことでした。社内のセクハラ対策委員会でも、本件はセクハラではなく、恋愛感情のもつれではないかという声も上がっていたようです。

しかし、B さんが現実に訴えてきていることは事実で、しかも上司と部下の関係にあった2人です。B さんが食事に誘ってきたことが事実とはいえ、性的関係を求められることまでは想定していなかったといえます。少しのリップサービスはあったとしても、これは元上司の単なる勘違いである可能性が高そうでした。会社としては、元上司には必要であれば自分だけのために動いてくれる別の弁護士に相談するようにとアドバイスをしたうえで、Ｂさんの話をさらにヒアリングし、元上司に何らかの形で処分（懲戒）することで落ち着かせることがベストと考え、そのようにアドバイスし、結果会社は減給処分をすることにしました。この処分をし、会社としてＢさんに真摯に対応したことで、Ｂさんは納得し、訴訟には至りませんでした。

Ｃさんへの対応

Ｃさんの件は、誰からの訴えということもなく、まず部長に対し日常の対応についてのヒアリングを行うこととなりました。部長の話を聞いてみると、全く相手が嫌がっているという意識はありませんでした。むしろ少し軽いタッチで話をすることにより、相手とのコミュニケーションがとれるので問題はない、という意識でした。このケースに関しては部長の意識改革が必要な状況であると考え、私の方で面談をすることになりました。従来から裁判になってしまったケースなどを何件か抽出し、問題ある行動を指摘し、改善を求めることとしました。懲戒処分などにするのではなく、注意と指導で様子をみることとしたのです。

会社は顧問弁護士に相談して対応を求めることが多い

Ａさん、Ｂさん、Ｃさん、いずれのケースも個別事情や訴えた本人の希望により、とるべき対策は慎重に検討する必要があります。この対応方法が100％正しかったかどうかは私には断言することはできませんが、いずれもその後トラブルは起きていません。弁護士の中には、Ａさんの希望はさておき、直接の上司を懲戒すべきとアドバイスをする人もいるかもしれません。Bさんに対しては、恋愛感情で誘ったのはBさんだ、という感触をもち、Bさんと敵対する形で、当該元上司と一緒になって反論をするという方向で捉える人がいるかもしれません。Cさんについては、部長の話を聞いて、単なるコミュニケーションであり、それくらいのことでセクハラにならないので放っておいてよいと考える人もいるかもしれません。

私はそのような対応は誤っていると思います。このようにセクハラに対する感覚が鈍っている弁護士はまだまだ世の中にたくさんいると思います。労働者側でセクハラについて相談をされた場合、まずは会社側代理人として出てくる弁護士と接触する機会があればその弁護士の意識を確認し、場合によっては当該弁護士の意識改革を先に検討する方策を練った方がよい場合があると思います。おそらく会社は弁護士のアドバイスに従って方針を立てていくと考えられるからです。

体験談 2

家族が会社にやって来る

弁護士13年目　男性　使用者側

あるパワーハラスメントの相談

これまで私が受けた相談事案の中で、少し変わった内容ですが、会社からの相談で、「女性の同僚からいじめを受けていると申告してきた女性従業員がいるがどのように対応すべきか？」というものがありました。会社に申告された具体的ないじめの内容を聞くと、「挨拶をしても無視する」というものもあれば、「仲間はずれにして、時々ある終業後の飲み会に誘ってくれない」というものもありました。

私としては、仮に申告内容が事実だとしても、相談企業の安全配慮義務や使用者責任が追及されるほどのひどいものとは思いませんでしたが、少なくとも挨拶を無視するという話が本当であれば気持ちよく働くための就労環境を整備する妨げになり、決して放置することはよくないと考えたので、加害者とされている従業員以外の従業員から聞き取り等を行い、事実関係を調査をしておくべきと助言し、継続して相談を受けることとしました。

被害申告をした女性従業員の夫が苦情を……

次の相談の機会に、会社から調査結果の報告を受けると、周辺従業員からの聞き取りによれば、どうやら被害申告をしてきた女性従業員の訴えに沿った事実は認められるとのことでした。その一方で、人事担当者が言うには、第一次調査を終え、事実関係について人事部門としての認識をもつに至ったところ、被害申告をしてきた女性従業員の夫からメールが届いたと報告を受けました。印刷されたメールの文面をみると、「私は、上場企業の総務担当をしています。妻によれば、妻は貴社に被害申告をしてから、いまだ調査の結果について報告を受けていないとのことであり、貴社の対応はいささか迅速さに欠けるとみています。早急に、妻と加害従業員とを物理的に引き離す措置をとることを求めます」といった趣旨の記載がありました。被害者と加害者を物理的に離すことが実現できるかについては、同じビル内で違うフロアに配置すれば、できなくもありませんが、急に実施すると業務の引継ぎが不十分になったり、通常の異動時期ではない時期に、特定の人だけを異動させると周囲の従業員に異様なものとして映るので、被害は深刻でないこともあり、異動が集中する時期に合わせたいとのことでした。

そこで、私からは、夫の話にも傾聴する姿勢を示し、できない約束はしないよう、また、説明すればわかってくれるタイプだとみたときにはできない理由も説明すればどうかと助言しました。その後も、何度か夫からの問合せにどう対応すればよいのか相談はありましたが、通常の異動時期を待って配置転換を実施することができ、また、裁判沙汰にはならずに済みました。

会社もできる限り迅速にできる調査を進め、夫からの問合せにも丁寧に会社の考え方を説明し対応したことが問題拡大を防ぐことにつながったとみています。ハラスメントが問題となっている場合には、心配した家族からの問合せに会社が対応を迫られることもあることを知ったケースでした。

ワンポイントアドバイス

10対0である必要はない

ハラスメント問題については、裁判になればもちろん白黒が付きます。しかし、明らかな犯罪行為（暴力・恐喝・強要・強制わいせつ・強姦など）である場合以外のものについては、お互いの認識の違いはあれど、双方に言い分はあるものです。

このような事案においては、使用者側としては、事案の解明をすることは必須ですが、白黒を付けるよりは、事態の収束を図る方法がないかを模索すべきでしょう。体験談はこのスタンスで解決を図っている事案といえます。これに加えて、今後このような状況を招くことがないように、どのような対応をしていくかについても十分に検討していく必要があるでしょう。

労働者側においては、全く同じ事案であったとしても、会社の役員の考え方やその担当する弁護士の考え方によって、対応が全く異なることとなります。訴訟や労働審判、任意の交渉の受任をするときは、会社の対応次第でどういう行動に出るかも含めて十分に労働者に説明をしておく必要があります。

Method 11

ハラスメント（労働者側）

▶ 裁判だけが能じゃない

――労働者からハラスメント事案の相談を受けた場合に、率直に言ってどのような解決を希望しているのかと尋ねると、「加害者にハラスメント行為をやめさせられればそれでよい」とか、「加害者と別の部署で働けるようになればよい」というように、必ずしも金銭賠償の原則による解決を希望していないということがある。労働者がすでに退職してしまっている等、使用者との間で労働契約関係がない場合はともかく、労働者がいまだ退職しておらず、今後も就業を継続したいと考えている場合は、加害者や使用者と全面的に争うということは決して容易なことではない。相談を受けた弁護士としては、最終的には裁判手続によって紛争を解決することも念頭に置きながら、労働者の希望に沿った紛争解決の方法を模索することが肝心である。

ハラスメント該当性と立証の難易を見極める

労働者からハラスメントの相談を受けた場合、まずは精神的に苦痛を受けている労働者の心情を十分にケアしながら、立証可能性を意識しつつ事実関係についてヒアリングすることは必須です。そして、労働者からヒアリングした事実経緯を前提にして、ハラスメントの事案として主張可能な事案かの分析が必要となります。特にパワハラの事案となると、事案的に労働者の主張する事実を前提としても、業務の適正な範囲を超えない指導を受けているにすぎないという評価を受ける事案もあり得ます。

そして、労働者の主張する事実経緯によればハラスメントが法的責任を生じさせるものとして主張可能である事案であったとしても、証拠の有無が重要となります。ハラスメントについては、密室性の高いものであったり（とりわけセクハラ）、証人予定者も従業員であることが多く協力を得にくいことから、立証が困難なことが多いからです。録音やメールのやり取りなどは非常に有効ですが、常に存在するとは限りません。本人の日記や手帳のメモ書きなども助けになりますのでその有無の確認も必要です。労働者が心療内科などに通っている場合はカルテを取り寄せて、受診当時に本人が話している内容と弁護士に対して主張している被害内容が一貫していることを確認することも考えられます。

会社等を訴えたいという相談を受けた場合には、決して安請け合いすることなく、会社と労働者本人との今後の関係や、会社側から調査を受けることに伴う精神的負担についても、十分説明をしておく必要があります。

これらの不利益を受けるおそれのあることを承知のうえでなお、本人が会社等を訴えたいという場合には、訴訟や労働審判を前提に受任を検討することになります。訴訟や労働審判に耐えられないような場合でも、状況によっては、会社との間で関係改善のための交渉をすることを提案し、その範囲における受任を検討すべきでしょう。

何を求めるのか。どのような手段によるのか。

ハラスメント事案における請求としては、加害者又は使用者もしくは両者に対する損害賠償請求が一番に浮かびます。不法行為に基づくか、債務不履行に基づくかの差こそあれ、いずれも金銭の支払いによる解決を求めるものです。その手段としては、交渉、労働審判、訴訟などが考えられます。
　一方、使用者に対し、加害者の懲戒処分や配置転換等の人事権の行使を求めることによって、紛争を解決するということも考えられなくはありません。もちろん、労働者には加害者の懲戒処分を求める権利や人事権の行使を求める権利があるわけではありませんから、これらの請求が直ちに紛争の解決につながるとは限りません。しかし、使用者としても、ハラスメントに関する紛争が継続していることによって、他の労働者の就業環境を害したり、取引先など第三者の耳に入ることによって業績の悪化につながる可能性もないとはいえませんから、一定の効果を期待することができます。この場合は、交渉によるほか、場合によっては労働調停を起こすということも考えられるでしょう。

体験談 1

被害者も同意をしている？　セクハラ事件

弁護士４年目　男性　労働者側

セクハラ被害の相談

　依頼者は、ある接骨院で仕事をしていた20代の女性でした。接骨院を経営する50代の医院長からセクハラ被害を受けたとして、相談にやって来ました。
　話を聞くと、医院長から１年余りの長期間にわたり、執拗なセクハラ被害を受けていたということでしたので、医院長に対して、損害賠償を求める内容証明を送りました。

セクハラに同意している？

内容証明に対する医院長からの反論は、確かに性的行為を行ったことは事実ではあるものの、依頼者はそれに同意をしていた、というものでした。

医院長は、同意があったことを裏付ける理由の１つとして、依頼者が、セクハラ事件後、医院長を食事に誘い、２人で食事に行ったことがあること等を挙げていました。医院長は、性的被害を受けた者が、自ら加害者を食事に誘い、２人きりになる機会を作るのは考えられないと説明していました。

また、医院長は、依頼者に対して「愛人になるか」と発言したところ、依頼者もこれに同意していたことも挙げていました。

この主張を依頼者に話すと、依頼者は、食事に誘ったことはあるものの、それは、どうしようもない気持ちからだったと説明しました。

被害者が迎合的態度をとることもある！！

私は、依頼者の話を聞いて、依頼者は性的接触に同意をしており、セクハラではないのではないかと悩んでしまいました。

そんな中、たまたま弁護士ドラマを見ていたところ、主人公の女性弁護士の台詞の中で、セクハラ被害者が、一定割合において、セクハラ加害者に迎合的態度をとってしまう旨の海外の研究があるという発言を耳にしました。

私は、日本にも同様の研究がないか調査しました。すると、NPO法人日本フェミニストカウンセリング学会による「性犯罪の被害者心理への理解を広げるための全国調査事業報告書」という報告資料があることが判明しました。

その報告資料では、性的被害に遭遇した被害者が、加害者に対して迎合的態度をとってしまうことが一定割合ある旨の報告がされていました。

私は、この報告資料を踏まえて、医院長側に対して、外形上性的接触に同意しているようにみえても、それが真意に基づくものか疑うべきケースがある旨を主張し、交渉を有利に運ぶことができました。

その結果、依頼者側に有利な形で和解を成立させることができました。

体験談2

孤立無援の闘い

弁護士7年目　女性　労働者側

事件は密室で起きている

能力不足を理由として解雇された女性から、解雇は無効であるので争ってほしい、それだけではなく、実は会社の上司からセクハラ被害を受けていたので、この機に、当該上司と会社に対して損害賠償請求をしたいという依頼を受けました。

セクハラ被害の内容について詳しく聞いてみると、上司が人目のない場所で依頼者の身体に触れた、依頼者にだけ聞こえるように卑猥なことを言った、依頼者が拒否しても執拗に食事に誘ったなどの行為が繰り返されていたというのです。いずれもセクハラに該当する行為であると考えられました。では、上司のこれらの行動を証明する客観的な証拠があるかと尋ねると、証拠はないというのです。上司がいつセクハラ行為をするかは予測ができないことから、録音や録画をすることは困難であるとのことでした。また、上司によるセクハラは人目のない密室などで行われていたことから、目撃者もいませんでした。唯一の証拠は、被害者である依頼者の供述という状況で、立証は困難を極めました。

正義の味方、現る！？

依頼者の同僚の中には、依頼者と同じように問題の上司からセクハラ被害を受けていた人がいることが判明しました。この同僚にセクハラ被害に関する供述をしてもらうことができれば、依頼者の被害そのものを立証できずとも、依頼者の供述の信用性を高めることはできるはずです。早速、依頼者を通じて、セクハラ被害に関する陳述書の作成に協力してくれるか否かを確認してもらいました。ところが、彼女からの回答結果はノーでした。まだ在職中の同僚からすると、依頼者の事件に協力することによって、自分がどのような不利益を被ることになるかわかりません。協力を拒否するのも無理はありません。かといって、同僚の名前を伏せて陳述書を作成したとしても、証拠価値はありません。依頼者と立証の問題について十分に議論したうえで、結局は同僚の陳述書を入手することは諦め、依頼者の供述だけを唯一の証拠とすることにしました。

ハラスメント事案、特にセクハラ事案においては、証拠の収集に困難を伴うことが往々にしてあります。事件の受任にあたっては、このような事案の特性について十分に説明し、依頼者の理解を確認したうえで受任することが重要であることを学びました。仮に、安易なアドバイスをして安請け合いしてしまうと、かえって依頼者に不利益を被らせることすらあるということもまた学んだのでした。

体験談 3

パワハラ上司を辞めさせたい！

弁護士３年目　女性　労働者側

職場内でのパワハラ被害

私が登録１年目の頃、友人の紹介で、Xさん（男性）からパワハラ被害の相談を受けました。Xさんはサラリーマンで、同じ部署で働いているY部長（男性）のパワハラに長年悩まされているとのことでした。しかも、Xさんの会社では、Xさん以外にも、Y部長によるパワハラ被害に困っている従業員が多数いるようで、何とかしたいと相談してきたのでした。

Y部長によるパワハラ行為の内容は、暴力・暴言をはじめとして、自分のミスを部下になすりつけて激しく怒鳴り付け叱責するなど、やりたい放題のようで、しかも、このような行為が約７年間も続いているとのことでした。Xさんは、このようなY部長の行為に我慢の限界を超え、自分が会社をクビになることも辞さない覚悟で、Y部長の行為を咎めたいと語気を荒くしていました。

私は、Xさんに共感を示し、興奮するXさんをなだめつつ、Xさんが、どのような解決を希望しているかをうかがうと、Y部長を会社から退職させたい、退職させることができなくても、せめて自分たちの働いている事業場から異動させたいとの希望をもっているとのことでした。

パワハラとは？

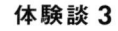

まず、パワハラとはどのようなことを意味するかを調査したところ、

厚生労働省のワーキンググループの報告書が見つかりました。この報告書によれば、パワハラの概念とは、「同じ職場で働く者に対して、職務上の地位や人間関係などの職場内の優位性を背景に、業務の適正な範囲を超えて、精神的・身体的苦痛を与える又は職場環境を悪化させる行為」とされていました。

X さんから聞き取った被害を当てはめてみると、Y 部長は、X さんたちの会社の上司であり、職務上の地位の優位性を有しており、また、Y 部長の暴行・暴言等の行為は、職務上の優位性を背景に行われているもので、X さんをはじめとする従業員たちに精神的・身体的苦痛を与え、職場環境を悪化させる行為であり、パワハラ行為に該当するものと考えられました。

パワハラ行為の証拠収集

パワハラについては、パワハラ行為者に対する不法行為責任の追及のみならず、会社に対する使用者責任や安全配慮義務違反の債務不履行責任を追及することが可能と考えられましたが、X さんの希望は、お金を請求することではなく、自分たちの職場環境を良好なものにするために、Y 部長を職場から追い出したいというものであり、これを直接実現するためには、会社への申入れが不可欠と考えられたため、会社に対して Y 部長のパワハラ行為を申告して、Y 部長の配置転換を求めていくことを考えました。

しかし、会社としても、簡単にこのような要望に応じることは考えづらいと思え、まずは、Y 部長のパワハラ行為の証拠をしっかりと固めていく必要がありました。そこで、X さんに、Y 部長の威圧的な言動などを録音・録画したり、Y 部長による暴行があった場合、病院に行き診断書を取得するなど、Y 部長のパワハラ行為の証拠を収集することを指示しました。

使用者への交渉

Xさんは、職場の他の従業員たちの協力も得て、その後、1か月ほどかけて、Y部長の言動を録音するなどして、Y部長のパワハラ行為の証拠を集めてきました。

そして、これらの証拠を持参して、会社のハラスメント窓口に持ち込み、Y部長の行為を糾弾しました。

被害申告を受けた会社が、Y部長を庇い、何らの具体的解決行動をしないことも予想されたため、その場合は、会社も相手取って裁判手続に移行することを準備していましたが、会社としても、直接会社に対する責任を求めてきたわけではなかったためか、予想外に、あっさりと、Y部長のパワハラ行為を認め、Xさんたちの働く職場からY部長を異動させるという対策を講じてくれました。

職場内のパワハラ紛争を解決するためには、必ずしも裁判手続に訴えずとも、会社をうまく味方に付ければ、迅速な被害救済を図ることもできると教えられた一件でした。

ワンポイントアドバイス

労働者側代理人としてハラスメント事案にあたる場合で、特に労働者が就業の継続を希望している場合には、使用者との間でいかにうまく交渉を進めるかが重要です。仮に裁判手続をとった場合には、立証の点で困難を伴うケースが多いということだけでなく、労働者と使用者との間で対立が先鋭化しすぎると、労働者の就業環境をかえって害する結果につながりかねないからです。紛争解決の最終目標を見据えて取り組むことが重要です。

Method
12
解雇権濫用法理

▸ 説明し尽くせ！ 解雇のリスク

――使用者側から労働者の普通解雇について相談される場合、多くは労働者側の問題点（不正行為、勤怠不良、能力不足等）を指摘して、「あんな社員は解雇で当然！」とのスタンスで事情を説明されることが多い。しかし、解雇権濫用法理という高いハードルを越える内容と証拠が必要であり、弁護士としては慎重に解雇の有効性を検討すべきである。

解雇権濫用法理の明文化

判例で確立された解雇権濫用法理については、現在では、労働契約法16条に明文化され「解雇は、客観的に合理的な理由を欠き、社会通念上相当であると認められない場合は、その権利を濫用したものとして、無効とする」と規定されています。

解雇が有効とされるためには、解雇が①客観的に合理的な理由があり、かつ、②社会通念上相当であること、が必要となります。ただし、有効性を基礎づける各事情が必ずしも①と②の要件に明確に区分できるわけではないので、これらを総合的に判断している裁判例も見受けられますが、便宜上、以下では①と②を区別して検討します。

①客観的に合理的な理由があること

解雇が有効とされるためには、当該解雇に客観的に合理的な理由があることが必要となります。

具体的には、就業規則所定の解雇事由に該当するか否かを客観的・類型的に判断することになります。

普通解雇事案では、労働者の私傷病による就業不能、労働者の能力不足・成績不良、労働者の職務懈怠（遅刻・欠席・早退、勤務態度不良等）、労働者の非違行為等が解雇理由とされます。

仮に前記事情が就業規則において解雇事由として規定されていたとしても、単に形式的に該当するだけでは足りず、その内容、態様、程度等からみて、回復・改善・是正の余地がないなど、労働契約の継続を期待することが困難なほど重大であることが必要と考えるべきです。

また、使用者が、解雇を回避するために労働者への注意・指導・教育等を行ったか（労働者に改善の機会を与えたか）、配転、出向、休職等の軽度の措置を行ったかを検討し、使用者がこのような解雇を回避するための対応をしていなかった場合には、「客観的に合理的な理由」に欠けると評価される可能性が高いです。ただし、解雇事由が重大かつ深刻な場合や、職務内容や企業規模等からみて使用者側の対応を期待することが困難な場合には、使用者が前記対応をしないときでも、例外的に「客観的に合理的な理由」があると評価される場合もあります。

②社会通念上相当であること

さらに、解雇が有効とされるためには、当該解雇が社会通念上相当である必要があります。

具体的には、解雇事由の重大さ・深刻さの程度、労働者側の事情（反省の態度、過去の勤務態度・勤務実績、過去の処分歴、年齢等）、使用者側の事情（解雇に至るまでの対応・落ち度、解雇手続の適正さ等）、他の労働者の処分とのバランス等、当該解雇のあらゆる個別事情を総合的に勘案して個別的・具体的に判断することになります。

なお、使用者側の不当な動機・目的による解雇の場合は、例外的に、この一事をもって社会的相当性が否定されると考えるべきです。

解雇が有効となるためには

解雇という労働者としての地位を失わせてもやむを得ないほどの重大な事由に該当し、労働者に改善の機会も十分に付与されており、かつ、そのうえでも労働者に改善の可能性がない又は極めて低いと評価できるような限られた場合には、前記①②の要件を充たし、解雇の有効性が認められる可能性が高くなります。

使用者は、労働者への不満や問題点を指摘して解雇を希望することが多々ありますが、解雇の有効性が認められるためには、労働者の問題点だけではなく、使用者の適切な対応が不可欠になることを肝に銘じるべきです。

体験談 1

勤務初日の解雇事件

弁護士６年目　男性　使用者側

耳を疑った病院での解雇事例

別事件の委任を受けたことのある病院から、久しぶりに連絡があったときの話です。

病院の話では、以前に雇っていた勤務医Ｄが退職後数か月が経過してから弁護士を立てて不当解雇であると主張してきて、バックペイの支払いを求めてきたということでした。「まあ、よくある話ですよね」と相槌を打ちながら聞いていると、耳を疑ったのは、Ｄ医師が病院を退職したのは勤務初日だったというのです。

詳しい事情を聞くと、Ｄ医師が勤務初日にちょっとした診断ミスを犯し、そのことを院長が注意したところ、不貞腐れたような態度をとったばかりか院長に罵詈雑言を浴びせたため、院長が怒り心頭に発し、「もう君は帰っていいよ。明日から来なくていい」と告げたようです。

いわゆる喧嘩別れでした。このとき、病院側は、D医師に対し、1か月分の給料相当額を支払いました。その後、何事もなく別の勤務医を雇い診療営業を続けていたので、D医師との問題は、自主退職という形で解決したと考えていたようです。

強気な相手弁護士

たった1日しか勤務していないD医師に1か月分の給与を支払ったとしても、D医師の自主退職を裏付ける退職届などは提出されておらず、実態をみれば解雇であることは間違いないケースでした。

とはいえ、退職時から解決時までの全期間の給料相当額の支払いを求めるというD医師の弁護士の主張は、事案全体をみれば法外であるといわざるを得ませんでした。

弁護士間で交渉を重ねましたが、D医師の弁護士は、解決金額を退職時から受任通知発送時までの給料相当額とするのが最大限の譲歩であり、それで合意できないのであれば訴訟を辞さないと強気の態度を崩しません。

解雇の前に相談を！

交渉は難航し、病院には、訴訟での解決を図ることも選択肢の1つだという話もしましたが、病院側はレピュテーションリスクの関係から訴訟沙汰を嫌い、最終的に、合意内容及び交渉経緯に関する秘匿条項を設けることを条件にD医師の要求をのむ形で解決となりました。

病院等の医療機関業界は再就職が比較的容易で解雇が問題化されにく

いですが、従業員を解雇する際は、たとえ勤務日数が１日であっても、細心の注意が必要であり、解雇をする前に弁護士に相談するよう強くアドバイスしました。

体験談２

強硬な解雇

弁護士６年目　男性　使用者側

もう我慢できません

会社の代表者から、ある従業員をどうしても解雇したいとの相談を受けたことがありました。解雇を希望する理由としては、当該従業員が代表者や上司の指示に素直に従わない、仕事でミスをしたのに報告がなかった、というものでした。その会社は、従業員が10人未満と少人数の会社であり、他の従業員が疲弊していることから、「一刻も早く解雇したい。もう我慢できません」とのことでした。

有効性に疑問があると考えながらの解雇

私は、代表者に対し、相手方の問題点について示す客観的な資料がないかを確認しましたが、始末書等は作成されておらず、客観的な証拠はありませんでした。また、代表者からヒアリングをした結果、仕事のミスをした際には、何らの懲戒処分も行っていないとのことでした。

私は、代表者に対し、会社からヒアリングした事情を踏まえると、相手方の問題点について示す客観的な証拠がないことから、①客観的に合理的な理由があることを基礎づける事実が認定されない可能性があり、また、ミスをした際に何らの懲戒処分も行っていないのに、いきなり解雇を行うとするのは処分が重すぎるとして、②解雇が社会通念上相当であると認められず、現時点で解雇を行うと裁判所で無効と判断される可能性が高いと回答しました。あわせて、未払賃金を請求されることとなると回答しました。そのうえで、労働審判や裁判となった場合には、退職することになったとしても、解決金を支払う可能性が高いことと、私が以前担当した事件から解決金の目安を説明しました。

以上を前提に、まずは、今後相手方がミスをしたり、上司の指示に従わなかったりした場合に、就業規則に基づき戒告を行う、始末書を書かせる等、より軽い処分を行うとともに、客観的な証拠を積み重ね、それでも改善されない場合に解雇を検討する、という手順を踏むべきであると説明しました。しかし、代表者は、私の説明に傾聴してくれたものの、相手方が勤務を継続することによる他の従業員への悪影響が大きいことから解雇を行いたいという意向は変わらず、相手方を解雇することにしました。

相手方からの労働審判の申立て

予想どおり、解雇後に相手方からは、解雇の有効性が争われ、労働審判の申立てがなされました。労働審判では、相手方の勤務態度が悪いこと等、問題点を多数主張して解雇もやむを得ない判断であったと主張しましたが、労働審判官は、解雇の有効性は認められないという心証を示しました。そのうえで、労働審判官から、調停成立時までの未払賃金（バックペイ）のほか、相手方の６か月分の賃金を解決金として支払うことで合意退職をするという解決案が提示されました。相手方の落ち度を粘り強く補足しながら綱引きをした結果、賃金の５か月分相当額を解決金とする内容で調停が成立しました。

あらかじめ私からも見通しを説明していたので、会社としても、解雇無効を前提とした調停が行われることは想定してくれていたと思います。ただ、弁護士の見通しとして解雇が無効である可能性が高い状況の中で、依頼者の会社に解雇を敢行されてしまうのはなんともいえない気分でした。本件では、解雇が無効となった場合のリスクを十分に説明したことから、依頼者からクレームを受けることもなく、また、労働審判委員会から当初示された解決金の金額を減額できたことから、むしろ感謝されました。他方、解雇を検討するよりもずっと早い段階で相談に来てもらえていた場合には、非違行為がある場合には戒告を行えないか、どのような方法で業務態度を改善する指導をするか、その方法について助言する、自主退職を促すための交渉をする等解雇以外の方法あるいは将来的に解雇をするにしてもその布石となる手段をとることもできたのではないかと考えています。

ワンポイントアドバイス

内容だけでなく証拠も不可欠！

解雇事案において、使用者側から事情を聴取すると、労働者の問題点・不満については過去から現在に至るまで詳しく説明を受けることが多いです。それを前提に考えれば、解雇したくなる気持ちも十分に理解できるのですが、その内容を示す証拠となると、準備されていないことが多いのが現実です。過去に関する事実について証拠がないとなると、陳述書等で対応することになりますが、日時や対応等の詳細については特定しづらい場合も多いです。このような場合に、労働者側の事情として始末書等の提出を求めたり、使用者側による注意・指導等について文書やメール等で証拠を残しておくことが極めて重要であることを痛感します。

また、結果的に解雇が有効と認められない場合には、使用者は労働者に対し、解雇によって就労できなかった期間の賃金（いわゆるバックペイ）についても支払う必要があります。さらには、復職希望の強い労働者である場合には、職場復帰を認めざるを得なくなり当該職場の混乱を招くことは必至です。このように、普通解雇のハードルは高く、解雇が無効となった場合の使用者側のリスクも大きいことを認識する必要があります。ですから、証拠がない中で、解雇を強行しようとする使用者に安易に迎合すべきではありません。社会通念上相当と評価してもらえるだけの事情とその裏付け証拠を積み上げるようアドバイスすべき場面も多いかと思います。

□ 解雇の金銭解決制度

解雇権は使用者に認められた権利ですが、これが濫用されると賃金に依拠して生活している労働者にとって脅威となることから、解雇権濫用法理（労働契約法16条）が発展してきたことは周知のとおりです。しかし、使用者が労働者に解決金を支払うことで退職を強要する権利はありません。また、現行法上、労働者にも、退職を受容することを条件として使用者に対し解決金を請求する権利はありません。

もっとも、実際は、解雇の有効性をめぐる多くの事案は、使用者が労働者に対して行った解雇の意思表示を撤回すること、労働者に対し解決金として合意した金額を支払うことを条件に、労働契約を合意解消（退職）するという内容で解決しています。

こうした解雇事案の解決の実態も踏まえて、有識者による解雇の金銭解決制度の導入についての議論が重ねられていますが、実現するには至っていません。

金銭解決制度を導入するためには、多くの条件が整備される必要がありますが、とりわけ強制的に地位を奪われてしまう労働者側の不安を解消するために使用者はどれだけの解決金を支払うべきかという明確な基準の設定が重要といえます。

解決金額の基準等に関し、2015年、独立行政法人労働政策研究・研修機構（JILPT）の濱口桂一郎主席統括研究員らによる『労働局あっせん、労働審判及び裁判上の和解における雇用紛争事案の比較分析』が発表され、注目を浴びました。この報告書は、労働局で行われるあっせん、裁判所で行われる労働審判及び裁判上の和解の諸事案を対象とし、労働者の属性（性別、雇用形態、勤続年数、役職、賃金月額）、企業の属性（従業員数、労働組合の有無)、終了区分、時間的コスト（制度利用に係る期間、解決に要した期間)、弁護士又は社会保険労務士の利用、事案内容、請求金額（実額、月収表示)、解決内容、解決金額（実額、月収表示）について比較統計分析を行っています。

交通事故事案におけるいわゆる赤い本、青い本、緑の本、離婚事案における婚姻費用・養育費算定表は、裁判所もいずれの立場の代理人も参照し、具体的な事案において解決基準を導くのに実務上大きな役割を果たしているのに対し、前記の報告書における統計は、少なくとも著者の実感としてはさほど参照されてはいません。もっとも、この統計データを基礎とした分析も行われており、今後、より精度の高い解決金額の基準が登場すれば、労働市場の流動化も進み、さらには解雇権濫用法理の適用も変わってくるかもしれません。

Method

13 試用期間

▶ お試し採用はできません

——中小企業の経営者の中には、採用後、試用期間を設け、試用期間内であれば、自社に合わない者を簡単に辞めさせられると誤解している人も多い。そのため試用期間中の解雇や本採用拒否のハードルは意外と高いことを十分説明する必要がある。

試用期間における解雇や本採用拒否が認められるのはどのような場合？

試用期間中の使用者と被用者の法律関係をどのように解すべきか、という点に関しては、一般的に、解約権留保の特約のある雇用契約である、と解されています。そのうえで、どのような場合に留保された解約権を行使できるかという点に関しては、「解約権留保の趣旨、目的に照らして、客観的に合理的な理由が存し社会通念上相当として是認されうる場合」にのみ行使できるとされており、その場合というのは、「企業者が、採用決定後における調査の結果により、または試用中の勤務状態により、当初知ることができず、また知ることが期待できないような事実を知るに至つた場合において、そのような事実に照らしその者を引き続き当該企業に雇傭しておくのが適当でないと判断することが上記解約権留保の趣旨、目的に徴して、客観的に相当であると認められる場合」であるとされています（最大判昭和 48 年 12 月 12 日民集 27 巻 11 号 1536 頁〔27000458〕（三菱樹脂事件））。

このような判断基準に照らすと、一般的な解雇の場合に求められる客観的合理的理由や相当性よりも広いとはいえ、使用期間中の解雇や本採用拒否が認められる場合は相当程度限定されており、試用期間をいわゆる「お試し期間」であると捉えることは極めて危険であることがわかります。

試用期間の途中で解雇できる？

試用期間において使用者に認められる留保解約権の行使（解雇）は、必ずしも試用期間満了のときに限定されているものではなく、前述のような客観的合理性や相当性が認められる場合には、期間満了前にすることもできます。

しかしながら、資質や能力その他適格性がない、という理由により解雇する場合には、試用期間満了までに改善の余地がある場合もありますので、試用期間満了までに指導や教育をしてもなお適格性がないと十分に判断し得る状況であることが求められます。試用期間途中の解雇は、試用期間満了時の解雇よりもさらにハードルが高いと考えた方がよいでしょう。

なお、試用期間中であっても、14 日を超えて引き続き使用されている者である場合には、30 日前の解雇予告か、30 日分以上の解雇予告手当の支払いが必要であることについても、注意が必要です。

体験談 1

試用期間だから辞めてもらう！ は通用しない

弁護士 11 年目　女性　使用者側

採用したものの……

以前に従業員からの残業代請求事件で相談を受け、解決した事案の会社の社長から、「このあいだ辞めさせた従業員から労働審判申立書が届いたんだけど、どうしたらよいか？」との電話がありました。面談の約束をして話を聞いてみると、3か月の試用期間で営業職として雇った従業員が、入社当初から生意気な口ばかりきいて癪にさわると思っていたところ、営業の途中で喫茶店で同期入社の従業員としゃべっていたことが発覚したので、2か月目で「もう明日から出社するな！」と言ったところ、当該従業員から、解雇は無効であるとして、地位確認を求める労働審判の申立てがあったとのことでした。

社長は、「とにかく口ばっかりのヤツで、何か言うと自分は違うと思いますとか反論してくるし、うちの社風に合わないんだよ。しかも喫茶店でサボっていたなんて。試用期間っていうのは、いわばお試し期間なんだから、実際にやってみてうちの会社に合わないんだったら辞めてもらって当然でしょ。しかも、試用期間なのに精一杯頑張らないでサボるようなヤツ、これから先、ますますサボることが目に見えてるでしょ。辞めてもらって何が悪いのか、全然理解できないよ！　徹底的に争う！」と息巻いています。

社長への説明

社長の話を聞いて、社長の気持ちはとてもよく理解できるのですが、法的には、本採用拒否は、通常の解雇よりも広い範囲で認められるとはいえ、解約権留保の趣旨、目的に照らして客観的に合理的な理由が存し、社会通念上相当として是認される場合でなければ認められません。何か指示に対して反論をしていたとか、外回りをする営業社員が勤務時間中に喫茶店に入っていた（しかも、申立書をみると、同期と仕事の話をしていたとのこと）というだけでは、なかなか解雇は認められないという見通しが立ちます。しかも、本件では、試用期間の途中で留保解約権を行使していることから、より厳しく判断される可能性があります。

社長に私の見解を話しましたが、社長は全く理解できないようで、「とにかくあんなヤツに戻ってきてもらうわけにはいかない、手切れ金だって払いたくない！」の一点張りでした。結局、見通しとリスクを一通り説明はしましたが、とにかく徹底的に争ってほしいとのことで、答弁書を提出し、第1回労働審判手続期日を迎えることとなりました。

労働審判手続にて

労働審判手続期日において、社長は、業務上の指示に従わない、勤務時間中に勤務懈怠があったとして、解雇の合理的な理由と相当性を力強く訴えました。

しかしながら、個別の聞き取りに入った途端、労働審判委員会は、3人がかりで社長を説得しようとしました。そのうえで、解決金を提示してきました。

しかしながら、社長は「そんなもの払えない」の一点張りでしたので、結局審判が出されることになりました。社長は、異議申立てはしないが、審判には従わないと話しており、審判には従わないといけないと説得を試みましたが、聞いてはもらえず、私は辞任することとなり、その後社長が支払いを拒み続けたのか、強制執行が行われたのかなどについては、わかりません。

振り返って……

このような事案において、社長を説得できなかったことについては、私の力量不足があるかもしれません。

しかしながら、代理人が結果について説得することには自ずから限界があります。

一度採用してしまうと、試用期間を設けているとはいえ解雇するには要件が厳しいので、顧問会社などには、採用活動は慎重に行うべきであることをよく説明しなければならないと感じました。

また、本件のような事案で申立人代理人の立場になった際には、法的見通しのみならず、回収の見通しについても、よく申立人から聞き取りをしなければならないと感じました。

体験談 2

本採用拒否の通知はいつするか

弁護士 13 年目　男性　使用者側

本採用拒否の相談

他のメーカー企業を退職した従業員を3か月間の試用期間を設けて採用したところ、その従業員が、自社の製品は精密機器なので、製品が壊れたりしないように工場内では走ってはならないという社内ルールがあるにもかかわらず、上長に何度も違反行為を目撃され、その都度注意も受けていたのに改善されず、入社して1か月半後には、無断欠勤、遅刻もするようになったという事案で、その従業員を本採用拒否としたいという相談を受けました。

なお、当該従業員が応募の際に会社に提出した履歴書をみせてもらうと、前職との間にブランク期間があったり、短期間で何度も転職を繰り返していたりと、後から考えると、雇用したところで、きちんとパフォーマンスを発揮してくれるかについては不安がないわけではないようでした。

本採用拒否をしたいという相談を受けた際の説明

私から、人事担当者に対し、本採用拒否の法的性格は解雇であることなどを説明しつつ、使用者に労働契約の解約権が留保されているといっても、裁判例上、解約権行使が正当化される場合は制限されており、もし、裁判所で本採用拒否の有効性が争われた場合には、容易に有効との判断をしてもらえるわけではないと説明しました。中小企業の場合、「試」という言葉が用いられていることもあってか、使用者に留保された解約権の行使はほとんど制約を受けないと理解されていることもあり、欠かすことのできない説明だと思います。しかし、きちんと説明すれば、企業には理解していただいたうえで、本採用するか否かについて判断していただけるかと思います。

本採用拒否を通知すべき時期

本採用拒否の理由を問題にされる可能性はありますが、その手続もしっかりしておくように助言を欠かしてはなりません。

前記の相談を受けたのは、入社（試用期間の始期）から約2か月半が経過したとき、試用期間満了の約半月前でした。

労働基準法では、解雇をしようとするときには、少なくとも30日前にその予告をするか、30日分以上の平均賃金を支払うかしなければならないことになっています。本採用拒否の法的性格は解雇ですから、試用期間の終期をもって本採用拒否とする場合には、終期の30日前に予告しなければなりませんが、通知をする時点ではその予告期間はとれませんので、私は、足りない日数分の予告手当を支払うべきであることを助言しました。

その後、当該従業員から本採用拒否の有効性を争われたという相談は受けませんでした。

ワンポイントアドバイス

採用は慎重に

試用期間中であれば簡単に辞めさせることができるという考え方は誤りです。適格性の欠如を理由に解雇しようとする場合には、使用者側に、当該適格性欠如の具体的な内容や程度、適正な教育指導を行ったか否か、などの立証責任が負わされることになります。

基本的には、試用期間を定めても、簡単には解雇することはできないということを念頭に置いて、慎重に採用活動を行うことが大切です。

Method

14 雇止め法理

▸ 満了しても終わらない！

――使用者としては、景気や業績の変動に応じた雇用の調整を視野に入れ、労働者を採用するにあたり、有期の労働契約を選択することが多々ある。しかしながら、その後の対応次第では、雇止めにより簡単に雇用の調整ができるわけではないことに十分注意すべきである。

雇止め法理の明文化

契約に終期の定めがある場合、その終期が到来すれば契約は終了します。しかし、労働契約については、それを反復更新したり、労働者が更新を期待している等の状況下で、使用者が雇止め（更新の拒絶）をしたため、労働者が納得できずに多くの紛争が生じました。

そこで、判例により、解雇権濫用法理を類推適用することにより、一定の場合には雇止めを無効として、労働者を保護してきました（いわゆる「雇止め法理」）。

労働契約法19条は、最高裁判決で確立した雇止め法理と、有期労働契約の更新に関するルールを明文化することにより、雇止めに関する紛争を未然に防止する趣旨で規定されたものです。

対象となる有期労働契約

労働契約法19条の対象となる有期労働契約は、以下の2類型です。

(1) 過去に反復して更新された有期労働契約において、雇止め（更新拒絶）により契約を終了させることが解雇と社会通念上同視できる場合

(2) 労働者が契約期間満了時に、契約が更新されるものと期待することに合理的な理由があると認められる場合

前記（1）は東芝柳町工場事件（最一小判昭和49年7月22日民集28巻5号927頁〔27000424〕）の、前記（2）は日立メディコ柏工場事件（最一小判昭和61年12月4日労判486号6頁〔27613448〕）の要件を明文化したものになるため、前記最高裁判決もご参照ください。

前記2類型に該当するかどうかについては、当該雇用の臨時性・常用性、更新の回数、雇用の通算期間、契約期間の管理状況、雇用継続への期待をもたせる使用者側の言動の有無等を総合考慮して、個々の事案ごとに判断されます。

また、前記（2）について、労働者の合理的期待の有無は、「契約期間満了時」で判断されますが、労働契約締結時から雇止めされた契約の満了時までにおけるあらゆる事情を総合的に考慮する趣旨です。したがって、例えば、契約締結時に更新への期待を過度にもたせるような言動があった場合や、契約の更新が複数回なされた場合等において、契約期間満了前になって使用者側が更新年数や更新回数の上限などを一方的に宣言したとしても、常に雇止めが許されることにはなりません。

労働者のとるべき手続

労働契約法19条が適用されるためには、下記いずれかの労働者からの申込みが必要となります。

(1) 契約期間満了日までにする契約更新の申込み

(2) 契約期間満了後遅滞なくした契約締結の申込み

これらは、要式行為ではなく、使用者から雇止めの意思表示がなされた際に、労働者から使用者に対して、「嫌です」とか「困ります」といった発言等、何らかの反対の意思表示がなされれば足りると解されています。

雇止めが無効とされたときの効果

前記のような状況下で、使用者が雇止め（前記申込みを拒絶）することが、客観的に合理的な理由を欠き、社会通念上相当であると認められないときは、使用者は従前の労働契約と同一内容で労働者からの申込みを承諾したものとみなされます。

厚生労働省による告示

有期労働契約の雇止め等について、厚生労働省の「有期労働契約の締結、更新及び雇止めに関する基準」（平成15年10月22日厚生労働省告示357号）により、紛争防止や解決のために、下記のとおり一定のルールが示されています。

(1) 契約締結時の明示事項等（1条）

使用者は、有期労働契約締結時に、更新の有無を明示する必要があります。更新する場合があるときは、更新するかしないかの判断の基準を明示する必要があります。さらに、これらを契約締結後に変更する場合には、速やかに内容を労働者に明示する必要があります。

(2) 雇止めの予告（2条）

使用者は、有期労働契約（3回以上更新されているか、1年を超えて継続して雇用されている労働者に限る。予め更新をしない旨明示されているものを除く）を更新しない場合には、少なくとも契約期間が満了する30日前までに、その予告をしなければなりません。

(3) 雇止めの理由の明示(3条)

使用者は、雇止めの予告後に労働者が雇止めの理由について証明書を請求した場合は、遅滞なくこれを交付しなければなりません。また、雇止め後に労働者から請求された場合も同様です。

(4) 契約期間についての配慮(4条)

使用者は、契約を1回以上更新し、かつ、1年を超えて継続して雇用している有期労働契約者との契約更新の際には、契約の実態及び労働者の希望に応じて、契約期間をできる限り長くするように努めなければなりません。

体験談1

やっといただけでは危ない雇止め

弁護士6年目　女性　使用者側

雇止めと有期労働契約への転換

「えっ。まだこの人との労働契約の期間は通算5年を超えていないですよ。それにもかかわらず、雇止めができない可能性があるんですか?」

これは、X社から相談を受けた際に担当者から漏れた言葉でした。

勘のよい方はお気づきかもしれませんが、この担当者は、労働契約法18条の有期労働契約から無期労働契約への転換と、同法19条の雇止め法理について混同しており、5年間を超えて更新をしなければ雇止めをすることが可能であると考えていたのです。

X社はある程度大きな会社で、業務に関係のあるような法律の改正がある場合には、担当者もある程度把握していました。

ただし、担当者がこのように法律に対する誤解を抱いている場合もあるので、顧問弁護士としては法改正の際に簡単な説明書を作って送ったり、場合によっては顧問先へお邪魔して新しい法律の内容をレクチャーしたり、顧問先への影響がないか検討したりすることが望ましいと考えられます。

客観的に合理的な理由及び社会通念上の相当性の有無

さて、X 社から相談のあった雇止めにした労働者 A ですが、実は当時すでに別の会社で働いていたものの、労働条件が X 社の方がよかったため、X 社で引き続き働くことを希望していたこと、A と同時期に X 社で働き始めた同い年の労働者 B については契約が更新されていたことについて納得ができていないこと等から、弁護士を通じて、X 社に対して、①労働契約上の権利を有する地位の確認、②雇止め後から通知までの間の賃金の 60% 相当の支払い及び③雇止め理由通知書の交付を求めてきました。

A が X 社で働いていた期間は 3 年間であり長期とはいえず、X 社における他の事案と比べて特に A の雇止めが不当であるとの事情はない、といった X 社にとって有利な事情もある事案ではありました。しかし、他方で、雇止めの理由は、①X 社では通勤に自動車を使用する場合、駐車場の確保の問題などもあり、事前に X 社に申請する必要があったにもかかわらず、A は何度も申請をしないで車で通勤をしたことで、反省文を書かされていたこと、②A がたびたび、少し保守的な業界に属する X 社にふさわしくない T シャツと短パンで通勤してきたことなど、X の不適切な行動でしたが、客観的合理性を認めることまでは困難なケースでした。

最終的に X 社は、早期解決を望み、A との話合いの末、労働契約が終了したことを当事者間で確認する代わりに、A に対して、労働契約上の月給の数か月分に相当する額を解決金として支払う形で事件を終了させました。

日本においては一度無期労働契約を締結すると、解雇が難しくなる中で、有期労働契約が多く利用されている現状がありますが、たとえ有期労働契約であったとしても雇止めには注意が必要であることをあらためて感じた事案でした。

体験談 2

雇用を守る？　お金をもらう？

弁護士６年目　男性　労働者側

突然の雇止め

相談者Ｘから、会社から突然雇止めされたとの相談を受けました。Ｘは、10年ほど前に、Ｙ社との間で、事務職員として６か月間の期間を定めた有期労働契約を締結し、以後、同一の労働契約を反復して更新し続けてきましたが、Ｙ社から、更新を拒絶され、雇止めを受けたようでした。

Ｘから話を聞いたところ、契約当初からＸは経理事務を担当しており、経理事務には他の無期労働契約の従業員もいるものの、Ｘの担当していた事務と、それらの無期労働契約の従業員の行っている業務の内容には差はなく、勤務時間についてもほとんど差はないようでした。また、Ｘから提示を受けた労働条件通知書をみると、Ｘの労働契約は６か月の期間の定めこそありましたが、更新の有無の欄には、契約を更新することがあり得ること、契約更新の判断基準として、契約期間満了時の業務量、勤務成績・態度、能力、会社の経営状況、従事している業務の進捗状況の記載がありました。そして、Xは、今までは、契約期間が満了する1か月前くらいに契約を更新するか口頭で確認され、更新したいとの希望を伝えると、あらためて労働条件通知書を交付されるという簡易な手続で更新が行われており、Xとしては、ずっとY社で働き続けることができると思っていました。

Xは、Y社で問題を起こしたこともなかったため、なぜ、今回、唐突に契約の更新を打ち切られたのか、皆目見当もつかない、何とか今までどおりY社で働けるようにしてほしいとのことでした。

雇止め理由の確認

Xの話を聞いて、Y社の行った雇止めは、労働契約法19条の雇止め法理によって否定され、従前の有期労働契約と同一の契約が成立していると評価される可能性が高いと考えられました。そこで、まずは、Y社によるXに対する雇止めの理由を明らかにするために、Y社に対し雇止理由証明書の交付を求めることとしました。

雇止めに関する厚生労働省の有期労働契約の締結、更新及び雇止めに関する基準（平成15年厚生労働省告示357号）によれば、有期労働契約で3回以上の更新がある場合、又は1年を超える継続勤務がある場合は、使用者は、雇止めされた労働者から雇止理由証明書の交付を請求されたときは、遅滞なくこれを交付しなければならないとされており、Y社は、求めに応じて、雇止理由証明書を交付してきました。

Y社の交付してきた雇止理由証明書には、Xを雇止めする理由として、職務遂行能力不十分、勤務態度不良との理由が記載されていました。確かに、Xの労働条件通知書には、契約更新の判断基準として、勤務成績・態度、能力により契約更新を判断する旨の記載がありましたが、Xの話によれば、Xの勤務態度は従前から特に変わることはなく、問題行動などもないとのことでしたので、Y社の示してきた雇止めの理由には納得することができず、より具体的な理由の開示を求めることにしました。

使用者側の言い分との食い違い

これに対して、Y社の委任した弁護士から通知書が届き、Xは2年程前から業務時間内にインターネットを利用するなど私的な行為をすることが多くなり、最近に至っては、午前中はほとんど業務を行わず、私的な行為ばかりしており、再三の注意にも応じないため、やむを得ず、雇止めの措置をとることにしたとのことでした。

この点についてXに確認すると、確かに、業務時間中にインターネットを利用することもあるが、業務の手が空いた時間を利用して、ほんの数分閲覧するだけであるとのことでした。

あっけない紛争解決

Xの言い分とY社の言い分が異なる以上、裁判外での復職要求を通すことは困難であると感じ、裁判手続においてY社による雇止めの違法性を主張し、Xが労働契約上の権利を有する地位にあることの確認を求める準備を進めていたところ、Xから新たな就業先が決まったので復職はしたくないとの申出がありました。

Xが復職を求めていない以上、裁判において労働契約上の権利を有する地位にあることの確認を求めていくと、Y社が復職に応じてしまうリスクも考えられたため、Y社の弁護士に金銭解決の提案をしたところ、Y社の弁護士から、一定程度の解決金を支払うとの提示があり、Xもこの提示に応じ、紛争を終結したいとの希望があったため、裁判外での金銭和解をすることで、紛争が解決しました。

時間の経過とともに依頼者の求める解決が変化することを痛感した経験となりました。

ワンポイントアドバイス

労働者に過度な期待をもたせないように！

雇止めに関する紛争は、採用時の労働者への説明、契約更新手続、使用者の言動等により、労働者が契約更新（雇用継続）への期待をもっているにもかかわらず、使用者による突然の雇止めにより退職を余儀なくされる労働者が不満を抱くことが大きな理由となります。

したがって、①採用時の説明を含めて、使用者側としては、労働者が契約更新に過度な期待をもつことがないように、言動には十分に注意すべきです。

また、使用者側が契約更新手続を軽視するあまり、契約期間満了後になって事後的・形式的に契約更新手続をするなどして、労働者が「当然に契約更新がなされている」との認識をもたないように、②契約更新手続を厳格に行う必要があります。

このように、雇止めに関する紛争を未然に防止するためには、雇止め時に配慮するだけではなく、採用時からはじまり、契約更新時、雇止めをする契約期間満了時まで、全ての段階において使用者の配慮が必要となります。

Method 15 | 整理解雇

▸ その事案、整理解雇ですか？

——整理解雇は、使用者側が経営上必要とされる人員削減を行うために行う解雇であり、労働者の責めに帰すべき事由による解雇ではないため、判例において積み重ねられてきている要素及び手続を確認することは必須である。

整理解雇の要件

整理解雇についても労働契約法16条（解雇権濫用法理）が適用されます。整理解雇において、解雇権濫用になるか否かの基準としては、判例法上４つの検討要素が確立されています。

① 人員削減の必要性

② 人員削減の手段として、整理解雇をすることの必要性（解雇回避努力の有無）

③ 被解雇者選定の妥当性

④ 手続の妥当性（説明義務）

なお、これらの４つの検討要素については、裁判例において全てを検討する場合もあれば、そうでない場合もあり、画一化されていません。また、１つ１つの検討要素についても、事案によって重視する要素が異なる場合もあります。

人員削減の必要性

人員削減をしなければ企業が倒産必至又は近い将来倒産が予見されるまでの状況にあることが必要とされる裁判例もありますが、多数の裁判例によれば、人員削減措置の実施が、経営的危機などの状況から企業経営上の十分な必要性に基づいているか、又は企業の合理的運用上やむを得ない措置と認められる必要があるかを検討することになります。

これらの必要性の検討のためには、会社の過去の決算書類や帳簿類を確認し、売上げ、経費の動向や株式配当の動向などを確認することになります。また、人員削減の必要性を判断するにあたって、人員の採用の事実については重要な判断材料となりますので、人員募集の動向についても確認する必要があります。整理解雇を実施しているにもかかわらず、新たな人員を募集しているという事実などは、必要性の判断に影響する重要な事実といえますので、よく確認すべきでしょう。

さらに近年、外資系企業に顕著にみられる、部門や職種の専門性を重視した中途採用型の労働契約があります。中途採用にあたって、過去の経歴に基づき部門や職種の高度な専門性を有していることから、基本的に高レベルの給与基準であることが多いです。このような労働契約の場合、部門や職種の専門性から採用がされていることから、当該部門について企業が撤退することになったような場合などには、整理解雇について必要性の要件を検討する場合に、採用の経緯を重視して必要性を判断している判例も存在しています。ただし、この場合においても、解雇のために必要な４要素については、従来の裁判例の枠組みを外れることなく判断がされています。

人員削減の手段として、整理解雇をすることの必要性（解雇回避努力の有無）

人員削減の必要性のある事案であったとしても、解雇を回避するために事前に努力が尽くされていることが必要となります。

この努力義務については、人員削減の必要性の強弱と相関関係にあるともいえると考えられます。人員削減をしないと倒産が予見されるような必要性がある場合には、当該義務は緩やかに判断される傾向にあるでしょうし、会社の経営戦略上必要という程度の必要性しかない場合には、比較して厳しく検討される傾向にあると思われます。

解雇回避努力を尽くしたか否かの判断として多く検討されるのは、経費削減の努力をしたか（日常の経費削減努力にとどまらず、役員報酬の削減や、従業員の残業規制による残業代削減等も含まれます）、従業員に対して出向・配転などの措置を検討したか、従業員の賃金削減の検討をしたか、希望退職制度を設けて、整理解雇によらずとも合意退職による人員削減を実施する努力をしたか、などの事項です。

全てを実践しないと解雇回避努力義務を果たしたとはいえないと判断されるということではありませんが、人員削減を回避するために誠実に努力をしたということが立証できない限り、当該義務を果たしたとは判断されないでしょう。

被解雇者選定の妥当性

解雇される対象となる者の選定基準は、整理解雇を行うその当時に客観的かつ合理的に定められている必要があり、また当該選定はその客観的基準に基づいて選定されている必要があります。

選定基準は、そもそも整理解雇の目的を達成するために必要な指針に基づいて設定されることが必要であり、その指針と選定基準がずれている場合には、選定基準に合理性がないとして有効とならないこともあります。また、選定基準は選定当時に明確となっている必要があり、整理解雇後に後付けで設定されたような場合には、選定手続に合理性が認められません。

選定基準の要素としては、勤務成績、勤務態度、能力等の労働力評価や、勤続年数、年齢、雇用形態など、さまざまな要素が考えられますが、整理解雇を行うにあたっての具体的事情によって個別具体的に検討することとなります。

整理解雇当時に客観性のある基準があったことを使用者側が立証する必要がありますので、使用者側は裁判所で立証できる程度の客観的基準をあらかじめ選定しておく必要があります。

手続の妥当性（説明義務）

使用者は労働組合や労働者に対して、整理解雇の必要性とその内容及び解雇に対する補償内容などについて納得を得るために説明を行い、誠意をもって協議すべき信義則上の義務を負うこととされています。

当該説明義務については、形式的に抽象的な整理解雇の説明をしただけでは足りず、個別具体的に会社の状況や被解雇者の選定基準等を客観的資料に基づき説明する必要があります。また、説明をする対象者として被解雇者に直接説明をしていない場合には、説明義務を果たしたとはいえないとされる場合があります。

なお、労働組合が存在し、労働協約において、整理解雇の際、労働組合との協議を義務付けている場合には、使用者側に当然に労働協約上の義務として説明義務が生じます。

体験談 1

法的に勝てても喜ばれない！？

弁護士８年目　女性　使用者側

一部事業縮小の相談

とある広告代理店業者の社長からの相談がありました。広告代理店業者といっても、広告代理店業をしているのは社長１人で、その会社では別分野の清掃業務も行っていました。しかし、清掃業務分野の業績が芳しくなく、社長は清掃業務分野については閉めてしまいたいと考えていました。清掃業務分野の従業員は10名ほどですが、仕事が少ないため会社命令で出向してもらっている者が数名いました。広告代理店業務については従業員はいませんでした。

私は社長と相談し、１年後を目標に従業員と労働契約を終了させていく方法を検討していきました。まずは会社の業績不振を理由に、代表取締役である社長の報酬をカットしました。同時に、正社員もパート社員も含めた従業員を呼んで、会社の業績が不振なので、清掃業務分野を閉めたいと思っていること、できれば自主的に別の就職先を見つけてほしいことを話しました。この段階で、数名は就職先を見つけたり、出向先にそのまま就職するなどして退職しました。

やむを得ない解雇手続

その後残った従業員に対し、就職先を探し、退職金を上乗せする交渉をし、最終的には従業員が１人残りました。当該従業員は理由はわかりませんがここに残りたいと言い、会社を辞めるということを自主的には言ってくれない状況でした。広告代理店業務を手伝うとまで話をしてきており、任意の説得は難しい状況でした。

私は社長に対し、整理解雇の提案をしました。会社として広告代理店業務を継続していくことは可能でしたが、当該会社は休眠状態とさせ、社長は顧客をひきつれて別会社で働くこととしました。会社で事業を全く行っていないこと、税務署に対して休眠の届出をしたこと、当初から業績不振であり、代表者の給料を減らしたうえ、従業員に任意の退職を促したこと、これらの事情を総合すれば、いわゆる整理解雇の要件を余裕で満たすことは間違いないと思いました。

そして、整理解雇として解雇予告手当を支払い、解雇通知を当該従業員に送付し、一般的な解雇の手続を行いました。

労働審判手続

しかしながら、ある時、当該従業員から休眠状態となっている会社に対し、解雇無効の労働審判の申立てがなされました。今までの流れからすると整理解雇は十分に主張できるし、認められる事案だと社長に説明しました。

しっかり戦うことを前提として、私は労働審判手続について受任することとしました。労働審判においては、整理解雇について、会社として整理解雇の必要性（清掃業務分野の売上激減）、解雇回避努力義務を履行したこと（会社代表者報酬カット、希望退職者募集の実行、就職先のあっせん、結果的に会社の実態もなくなり会社としての資産もなくなっていること）、解雇者選定の要件（最後の１人の従業員であり、清掃業務の受注がないこと）、手続の合理性（従業員全員に説明をして、１人１人の理解を求めてきたこと）を主張しました。また、一番大きな事情として、最終的に会社は休眠状態となっているため、これも整理解雇の必要性の部分で主張しました。

実際私もこれで整理解雇が認められない場合、どうやっても整理解雇は認められないであろうと考え、答弁書を作成のうえ、第1回労働審判期日に社長とともに出廷しました。期日では、裁判所も状況を理解していたため、結論としてはこちらの解雇手続に違法な点はないと評価をしてもらっている様子でした。

しかし、裁判所が説得にかかったのは、社長に対してでした。その説得の内容としては、申立人は裁判所に対する手続をとった以上、取り下げるということはしないと思う、そうすると、労働審判では0円ではまとまらないので、裁判手続に移行することとなるが、これには時間も労力もお金もかかってしまうこととなる可能性が高い。現状で給料の2か月分程度を払って、ここで全てを終わらせてしまった方が会社にとっても社長個人にとってもよいのではないか、というものでした。

こちらが正しいことをしているのに、どうして相手に支払わなければならないのか、と社長は非常に裁判所からの提案に不満を抱き、その意思を裁判所にも伝えました。しかし、裁判所からの強力な説得と、「給料2か月分くらい大したことないでしょう」という趣旨の発言を延々と聞かされ、最終的には社長も根負けして裁判所からの提案に応じ、2か月分を支払うことでこの労働審判は終了しました。

後味の悪い最後

もちろん2か月分の給料を支払うということになれば、実質勝訴と同じ程度の解決であったと思いますが、社長には結果的にお金を払わされる不満が残りました。労働審判では、相手方が会社ということもあり、終了させるための方策として、会社側に分があるものでも解決金の支払いを求められるケースがかなり多いです。整理解雇対象者の理解を求めることをもう少し努力するか、当初から社長に解決の見通しとして裁判所から言われそうな事態を説明しておき、最終的に不満を残させないように当初から説明をしておくべきだったと感じた一件でした。

体験談 2

整理解雇か普通解雇か

弁護士 13 年目　男性　使用者側

整理解雇いろいろ

「整理解雇」の相談と聞くと、このまま合理化ができなければ会社自体が倒産してしまうので、やむを得ず不採算事業・部門の従業員を解雇したいがどうか、という事例をイメージする方もいらっしゃるかと思います。

もちろん、このような会社全体に危機が迫っている事例もありますが、営業拠点が物理的にも機能的にも独立している場合で、会社全体の採算性はなんとか維持できているが、赤字とならないよう、不採算の拠点に勤務している従業員を解雇したいという事例もあります。例えば、全国に営業拠点が散在している場合に、不採算の○○県支店を廃止することとし、同支店所属の従業員の解雇を検討する場合です。

しかし、不採算部門・拠点に従事する人員の整理をしようとする場合、整理解雇が有効とされるための要件は非常に厳しいので、労働者に就業規則上の解雇事由が認められ、解雇が相当であるとの評価を受けられる見込みがあるときには、通常解雇を選択するケースもあります。

新設した途端に破たんした事業部門

私が会社から相談を受けた事案は、後に従業員となる複数の者から直接会社の経営トップに対し、他社で永年勤務する中で培ったビジネスモデルについてのアイデアと専門知識や幅広い人脈をもっていることを売り込んできたので、経営トップも、彼らのプレゼンテーションを信じ、早期に採算事業とすることを条件として、それまで全く会社がタッチしてこなかった新規分野について、部門長扱いの好待遇で雇用した彼らを中心とする事業部門を新設することを決定したが、その部門が成果を上げられないことが早々に判明した、というものです。会社側の主張は、雇用前に彼らがアピールしていた専門知識はあやふやなものであり、あるはずの人脈も実はなく、開業準備すらろくに進んでおらず、必要な担当役員への報告を欠かすこともしばしばであったという状況であり、今後改善を見込めないことから、早々に新事業部門を廃止することとし、この部門の業務のために雇用した彼らを解雇したいということでした。

整理解雇の事案か

一見、整理解雇の事案のようですが、ご存知のとおり、整理解雇の有効性については非常に厳しい要件がありますので、この事案では整理解雇ではなく、依頼主と相談のうえ、普通解雇としました。会社が経営の合理化よりも、新事業部門に雇い入れた彼らの不適格性を強く主張したことが大きな理由です。大企業であり、会社全体は赤字ではないこと、数名で立ち上げた新事業部門の不採算が会社全体の経営に影響を及ぼすおそれはないこと、解雇回避のために必要とされる種々の措置を講じたわけでもないこと（そもそも会社自身も従業員に非があると考えており、そのような措置をとる必要など毛頭ないとの認識でした）が整理解雇を選択しなかった理由です。解雇理由の概要は、即戦力であることを前提に彼らを厚遇する条件で労働契約を締結したが、契約の前提とされた高水準の技能・知識等が欠如していた、ということです。また、解雇を避けるための措置として、新規採用と同じ水準に変更することを条件とする雇用継続の提案もしました。しかし、解雇後に彼らから申し立てられた労働審判では、会社の主張について一定程度理解を得られたものの、部門廃止までの決定が早いこと、労働者に能力が欠如していると判断するための期間や是正改善のために与えられた期間が短すぎること、それまでの厚遇から新規採用と同じ水準までの切下げを条件としていることは労働契約締結に至る経緯を考慮しても実質的に雇用継続の提案とは言いがたいことなどから、解雇無効という心証が示されたうえで調停案が示されました。しかし、裁判所としても労働者と会社でミスマッチを起こしていることは認識してくれていたので、粘り強く調停を進めてくれたことを記憶しています。

なお、結果的に経営トップは、これほど解雇が難しいというなら、従業員として雇用せず、彼らが主導して設立した会社に貸付けや株式として出資するという方策をとればよかったということも述べていました。

ワンポイントアドバイス

真の目的は何か

会社経営者（特に中小企業）は、資金繰りや今後の事業計画において常に緊張感をもっている方が多いです。人件費は経費を大きく圧迫する部分であり、不採算部門や、不採算人員が目に付くと、会社の経営改善のために整理解雇をしたい、と相談してくることもあるでしょう。しかし、解説にあるとおり、整理解雇の要件については、解雇した側が立証をする必要があり、また本来の解雇の要件とは異なりますので、労働契約を終了させる手段として整理解雇が相当かどうかについては、よくよくヒアリングをして、適切な手続をアドバイスすべきです。体験談２のケースはまさにそのような事案といえます。

また、仮に整理解雇相当事案であったとしても、体験談１のケースのように、訴訟や労働審判になれば使用者側に立証について多大な負担が生じるとともに、裁判所からは結論として妥当と評価できるかはさておき、使用者側に解決案を提示するよう指示される場合もあります。そのため、これらのリスクを十分に説明する必要があります。

他方、労働者側では解説にある要件に当てはまるか否かを検討することになります。まだ解雇がされていない段階での相談の場合には、説明義務を果たしてもらうべく交渉することも有益といえます。

Method
16 労働組合

▶ 社長、それは不当労働行為です

――突然の組合結成通知・団体交渉申入れに使用者が動揺することはしばしばみられるが、早期の冷静な対応が最も重要である。

合同労組（ユニオン）とは？

歴史的に、日本における労働組合は、特定の企業や事業所で働く労働者によって組織される企業別労働組合が中心でしたが、昨今、労働者の所属企業や雇用形態（正社員か非正社員か）を問わず、特定の地域や職種に属する労働者で組織する「合同労働組合」（合同労組・ユニオンともいいます）の活動も目立ちます。

労働組合というと、社内で結成された企業別労働組合のみをイメージするのが一般的で、「うちの会社には労働組合はないから、団体交渉の場は存在しない」と認識している中小企業の社長がたくさんいますが、労働組合法２条に定める要件を満たす限り、合同労組も労働組合法上の労働組合に該当しますので、当該組合から団体交渉の申入れがあれば、使用者はこれに応じる義務があります。

合同労組は、属する全国中央組織（ナショナルセンター）により、①

日本労働組合総連合会（連合）系、②全国労働組合総連合（全労連）系、③全国労働組合連絡協議会（全労協）系、④無所属の４つに大別することができますが、各合同労組により特徴、活動方針は異なっており、労使協調的な組合もあれば、意識的に対立する組合、好戦的な組合もあります。稀ですが、使用者の財産や信用の毀損を試みる組合もあります。

冷静な対応を求めるためには、まず、特に中小企業の経営者には、企業内組合ではなく、合同組合というものが存在し、同組合に自社の従業員が加入することも許されており、その多くが労働組合法上保護される労働組合なのだ、という知識をもっていてもらうことが必要になります。

不当労働行為の類型

不当労働行為の類型には、以下のものがあります。

①　不利益取扱いの禁止

労働者が労働組合の組合員であること、労働組合に加入し、もしくは労働組合の正当な行為をしたことのゆえをもって、その労働者を解雇し、その他これに不利益な取扱いをすることは、禁止されます。

②　団体交渉の拒否

使用者が雇用する労働者の代表者と団体交渉することを正当な理由なく拒否すること、誠実に対応しないことは禁止されます。

③　支配介入の禁止

労働者が労働組合を結成し、もしくは運営することを支配し、もしくはこれに介入することは禁止されます。

前記のように、うちの会社には労働組合はないんだ、なぜ見ず知らずの団体（合同労組）と交渉しなければならないんだ、という認識をもっている経営者もいますが、不当労働行為に該当する行為をしてしまうと、それをもとに街宣活動やストライキ、労働委員会へ救済申立て等をされ、紛争がより拡大してしまう可能性がありますので、初期の段階から、前記①から③の類型を意識して、不当労働行為に該当するような言動は極力避けるという対応が重要になります。

体験談 1

うちの会社には労働組合は必要ありません？

弁護士７年目　男性　使用者側

突然の組合結成通知

「昨今、労働組合の組織率は減少していると聞いているし、労働組合法は勉強していたけれど、労働組合と団体交渉をしなければならない局面はあまりないかもしれないな……」と思っていた弁護士５年目の夏、突然「労働組合が駅前で街宣活動を行ったりチラシを撒いたり、大変なんだ。近所の評判も落ちるし、どうしたらいいんだ!!」と困り果てたある社長から相談を受けました。

聞くところによると、従業員が２名、労働組合を結成したとして、突然、自分が見ず知らずの組合執行役員と名乗る男性２名と女性１名をひきつれ、「組合結成通知」「団体交渉申入書」と記載された書面を持って営業時間中に社長に手渡してきたとのこと。突然アポイントメントもなしに、しかも営業時間中の非常に忙しい時間に押しかけてこられた、という認識で頭にきた社長は、「うちの会社には労働組合なんてない！　突然押しかけるなんて非常識じゃないか！」と怒り心頭で、組合執行役員が帰った後、組合に加入したという従業員を呼び出し、「何でこんなことするんだ！　わかってるか？　これは裏切り行為だ。言いたいことがあれば直接言うのが筋だろう。これまでも俺は何でも話をじっくり聞いてきた。こんなやり方、俺は絶対に認めないからな！　こんな裏切り行為をした奴を会社に置いておくわけにはいかない。うちの会社が嫌だって言うんだったら、さっさと辞めてくれ！　もう会社には一切来るな！」と怒鳴りちらしたとのことです。

その後、従業員らからは社長のパワーハラスメントにより勤務ができないと、「うつ症状」の診断書が出され、休職として会社に出社せず、社長も特に何の対応もしないで放置していたところ、駅前で街宣活動やビラ配りが行われたということでした。

労働組合との交渉開始

前記のような経緯で、団体交渉応諾義務違反があることは明らかでしたので、私が受任し、労働組合に連絡をし、具体的な団体交渉の日取りを決めて、団体交渉を開始しました。

しかしながら、社長は社長で、「うちの会社に労働組合は必要ない！見ず知らずのやつ（労働組合の執行役員）にうちの会社のことをとやかく言われる必要はない！」との考えをなかなか変えられませんし、組合側も、かなり好戦的な態度で、こんなことも言われた、あれもこれも不当労働行為だ！　などと主張して、要求に対して譲歩の姿勢をみせず、交渉は極めて難航しました。

労働審判での解決

当該案件については、結局は、不当解雇があったとして、組合に加入した２名の従業員が労働審判申立を行い、その中で金銭的な解決をすることができました。

しかしながら、社長にとってみれば、突然にアポイントメントもなしに、ゾロゾロと事務所に押しかけられたという印象、労働組合にとってみれば、労働組合及び同組合員に対する社長の対応のまずさが最後まで尾を引き、労働審判申立までの間に、街宣活動禁止の仮処分の手続を行い、その中で裁判所を介して話をすることを試みたり、弁護士会の紛争解決センターにあっせんを申し立て、あっせん員の弁護士を介して話をすることを試みたり、相互が冷静に「話合い」をする、という土壌を形成するのに、相当の時間を要してしまいました。

個人的には、労働組合側にも、組合結成通知や団体交渉申入れを、営業時間中に、複数人で、アポイントメントなしに行う、というやり方をすることについては、考えをあらためてほしいと考える部分もあります。中小企業の社長の中で、従業員が外部の労働組合に加入することが認められていることや、労働組合法により禁止されている不当労働行為の類型を知っているという社長の方が少ないので、いきなり押しかけるという形をとることで、不当労働行為を誘発する可能性があると考えるからです。

一方で、今回の社長の対応が、不当労働行為に該当することは明らかです。今回の件では、顧問先等普段から取引のある会社ではなかったので、日々の相談の中で、労働組合の存在や対応について気を付けるべき点を話す機会はなかったのですが、前記案件の経験を経て、今後、顧問先や何かトラブルの相談を受けた事業主の方に対しては、労働者には、労働組合に加入するという選択肢と加入の可能性が十分あることや、労働組合からの交渉申入れに対する対応いかんによっては、会社に回復しがたい損害が発生したり、長期化する紛争が勃発したりすることを、十分に注意して、心構えをもって慎重な対応をとっていただくようにしたいと思いました。

体験談 2

弁護士として適切なハンドリングを行おう

弁護士 12 年目　男性　使用者側

使用者側の労働組合に対する印象は？

私は、顧問弁護士として関与している会社から、労働組合の対応について日常的に相談を受けております。

とは言っても、少数の労働者が合同労組に加入し、団体交渉を申し入れてくる場合や、これに付随する組合活動に関する相談がほとんどです。しかも、その労働組合の母体が闘争的なところである場合、会社の経済状態を踏まえない過大な要求を行い、その要求が通らなければストライキをしたり（とは言っても、1日程度で終わることが多いですが）、取引先や社長の自宅前で街宣活動を行ったりしてくることもあります。ストライキであれば正当な権利行使のためやむを得ないのですが、取引先を巻き込むことは不当と評価されることもありますし、社長の自宅前での街宣活動については違法なものであると明示した裁判例もあるところです。別の労働組合では、組合側が使用者側を挑発し、使用者側が感情的になったところを秘密録画し、インターネット上にアップロードするようなところもあります。

そのため、私が関与している会社のうち、このような闘争的な活動を行う労働組合については、会社役員や総務担当者が、労働組合を快く思っていないことが少なからずあります。その場合、会社側が、組合員が行った違法行為を論い、直ちに懲戒解雇や普通解雇を行いたいと考えることもあります。実際に、社長のそのような意向を受けて、総務部長クラスの方が頻繁に私の事務所を訪問し、打合せを行うこともあります。

労働組合対応に関し、どのような助言をするべきか？

会社の顧問弁護士として、このようなケースに遭遇したとき、まずは経営者や総務担当者の日頃の心労に思いを致し、共感できるところがあれば共感するほうがベターとは思います。それが、会社との信頼関係の醸成につながると考えられるからです。

一方で、会社の方針に賛同すべきかどうかは別の問題です。前に述べた例において、会社が組合員を懲戒解雇ないし普通解雇をすれば、個別的労使関係において、その解雇が無効であると判断される可能性が高いだけでなく、莫大なバックペイを支払わされるおそれがあります。

それだけでなく、集団的労使関係においても、不利益取扱い（労働組合法７条１号）を行ったとの指摘を受けたり、組合弱体化のために解雇を行ったとして、支配介入（同７条３号）にあたるとの指摘を受けたりして、街宣活動・情宣活動の格好の材料を与え、風評リスク、ひいては取引先の喪失という経済的な損失を受けるおそれもあります（実際に、関与先の会社が、かなりグレーな形で「尾ひれ」を付けたビラを撒かれたことがあります）。

前記の事例では、社長及び総務部長と打合せを重ね、組合員の違法行為に対しては、出勤停止５日間の懲戒処分を科すということで決着しました。結果として、その組合員は、懲戒処分に対し不服を述べることなく、現在は真摯に業務にあたっているものと聞いています。

弁護士としては、局面ごとに考えられるリスクを提示し、「リスクを取ってでも前に進むべきか」「リスクを避けるために他の手段を選ぶべきか」の適切な助言を行うことが必要ではないでしょうか。そのためには、少なくとも、基本書やコンメンタールで採り上げられているような、典型的な不当労働行為については頭に入れておき、瞬時に助言をできるようにしておくことが望ましいでしょう。

ワンポイントアドバイス

存在を受け入れることが、冷静な対応への第一歩

労働組合と使用者との間の紛争が激化してしまうケースで最も典型的なのが、労働組合が対立路線の組合であり、使用者がブラック企業であると決め付けた行動をとる一方、使用者はいわゆるワンマン社長で、自社に不満のある従業員など存在しない、あるいは、そのような不満を自身で直接訴えられない従業員は根性がないのだと思い込んでいる、という組合せのパターンではないか、というのが私の経験上の見解です。両者がもう少しお互いの存在を認め、受け入れることから始めれば、話合いはよりスムーズにいくのではないかと考えることが多々あります。

少なくとも、労働組合、特に合同労組の存在に対する認識と、不当労働行為に関する少しの知識さえあれば、無用な争いを避けられるはずです。顧問先や関係先企業の経営者には、機会があれば、前記体験談のような事例を話し、もし組合結成通知や団体交渉申入書が届いたら、慌てずに弁護士に相談してから対応するように伝えておくことが肝要でしょう。

Method
17 合同労組との団体交渉

▸ 相手を見てものを言え

――昨今、増加傾向にある個別労働紛争に、合同労組が関与していることがしばしばある。企業別労働組合や職業別労働組合といった従来型の労働組合とは異なる合同労組に対し、使用者側はどのような心構えで団体交渉などの対応をすればよいのであろうか。

合同労組について

労働者の団結権、団体交渉権、団体行動権は、憲法28条により明示的に保障されています。この憲法上の保障を具体化するために、団体交渉その他の行為であって正当なものについては刑事免責（労働組合法1条2項）及び民事免責（同法8条）の対象とされているだけではなく、不当労働行為制度によっても保護されています（同法7条）。

最近では、複数の企業の従業員により組織されている合同労働組合が多数結成されています（「○○ユニオン」とか「○○一般労働組合」などと称していることが多いです）。このような合同労組は、通常、労働者個人が1人で加入することができ、また、アルバイト・パートや契約社員でも加入することができます。従来型の企業別あるいは職業別労働組合しか知らない使用者が、ある日、突然、合同労組から団体交渉の申入れを受けて、対応に戸惑うことも少なくないようです。合同労組の中には、使用者や取引先でのビラ配りや街宣活動、マスコミに対する情報提供や記者会見などの行動に出るところもあります。また、増加傾向にある個別労働紛争に関与している労働組合は、主として合同労組であるともいわれています。労働組合の組織率が低下し、かつ、中小企業での組織率が極度に低い我が国の現状では、合同労組は、労働者側からすると、権利救済に重要な役割を果たすようになってきていると評価することができ、他方で、使用者側からすれば、その対応が避けては通れないものとなってきているといえます。

団体交渉応諾義務

使用者には労働組合との団体交渉に応じる義務があり、正当な理由なく団体交渉を拒否した場合、不当労働行為と評価されてしまいます。合同労組は、団体交渉を拒否されると、都道府県労働委員会に対して不当労働行為の救済を申し立てたり、前記のように街宣活動やビラ配りなどの争議行為を行うことがあります。団体交渉の拒否（以下「団交拒否」といいます）が、正当な理由を欠く不当労働行為にあたると都道府県労働委員会により判断された場合には、救済命令が発せられ、使用者がこの救済命令に従わないときは、50 万円以下の過料や、1 年以下の懲役又は 100 万円以下の罰金が科されるおそれがあります（労働組合法 32 条、28 条)。さらに、不当労働行為が不法行為を構成するとして使用者に損害賠償を命じられることもあります。このような使用者のリスクに加え、団交拒否が許容される「正当な理由」は狭く解釈される傾向にあること、また、団体交渉に応じることにより使用者に直ちに発生する法的なリスクは基本的にはないと考えられることを踏まえると、使用者としては、特段の事情がない限り、団体交渉に応じる方向で検討した方がよいと考えられます。使用者が団体交渉に応じるという決断をした場合、後記のとおり、団体交渉への出席者の人選や団体交渉を行う日時・場所、協議事項の検討などを直ちに行います。

団体交渉の開始

団体交渉は、一般的に「団体交渉申入書」という書面が、労働組合の結成通知書あるいは加入通知書とあわせて、労働組合から使用者に差し入れられることにより、申入れが行われます。申入書には、申入日、交渉の予定日時・場所、協議事項などが記載されているのが通常です。

もっとも、申入書に記載されている交渉の予定日時・場所に従わなかったからといって直ちに不当労働行為と評価されることはありません。使用者の都合を考慮のうえ、合理的な範囲で時間・場所を変更することに問題はありません（ただし、労使双方が交渉場所にこだわって団体交渉が行われないと不当労働行為となり得ることから、使用者としては留意が必要となります）。申入書に対する回答期限が記載されている場合も、合理的な期限までに回答すれば足りると考えられます。さらに、交渉事項の内容が不明確な場合は、団体交渉をより充実したものにするためにも、労働組合に対し、事前に協議事項の明確化を要請することも検討するべきです。いずれにせよ、申入書に対する最初の回答は、申入れの諾否、団体交渉の日時・場所の調整、協議事項の明確化程度にとどめることもやむを得ないので、直ちに行った方がよいでしょう。

団体交渉において、使用者は、労働組合の主張や要求に対して、その具体性や程度に応じて回答し、あるいは回答の根拠・資料を示すなどして、合意達成の可能性を模索する必要があります。このような誠実交渉義務に違反した場合も不当労働行為に該当するので、使用者から団体交渉を打ち切ることには慎重な判断が要求されます。仮に、使用者から団体交渉を打ち切る場合には、団体交渉の打切りに正当な理由があることを証拠として残しておくため、交渉内容の録音や議事録の作成、交渉打切りの理由書の合同労組への送付などを行うべきであると考えられます。

体験談1

ユニオンとの事前折衝

弁護士11年目　男性　使用者側

始まりは未払残業代の支払請求

知り合いの社長からの相談内容は、当初、労働基準監督署からの出頭要求への対応でした。社長によると、未払残業代の支払いについて、すでに自主退職した従業員との間で協議をしていたところ、折り合いが付かず、当該元従業員より相談を受けた労働基準監督署から出頭を要求されたということでした。早速、当該元従業員のタイムカード及びヒアリングに基づき時間外割増賃金を計算したところ、時間外割増賃金の未払いが発生していることは間違いありませんでした。そこで、社長と相談し、私が労働基準監督署への出頭に同道することや、未払いになっている時間外割増賃金の支払方法や具体的な額などについて当該元従業員と協議のうえ、これを速やかに支払う方向で進めることについて社長の了解を得ました。

この方針が決まった直後、当該元従業員が加入したというユニオンから団体交渉申入書が会社に届きました。ところが、この申入書には、協議事項として、社会保険等の未加入としか記載されておらず、未払残業代については一言も触れられていませんでした。そこで、社長から事実関係を聞き取ると、会社は、厚生年金保険の強制適用事業所であるにもかかわらず、厚生年金保険への加入手続を行っていないとのことでした。しかも、2年間遡って徴収されることとなる当該元従業員にかかる厚生年金保険料の額を社会保険労務士に算定してもらったところ、当該元従業員負担分もあわせると、その金額は未払残業代を遥かに超えるものであり、資金繰りに逼迫している会社としては、支払いが困難なものであることが判明しました。

ユニオンとの事前折衝

もっとも、すでに退職した従業員が、ユニオンに加入してまで退職した会社と団体交渉をしようとする事項が、社会保険等の未加入であるということについて、素直に腹落ちしませんでした。交渉事項の内容が、例えば、未払残業代の支払いや解雇撤回など当該元従業員が利益を直接享受できるような要求事項ではなかったからです。当該元従業員ひいてはユニオンが団体交渉を行う本当の目的が、団体交渉申入書からでは必ずしも明らかでないと考えました。

そこで、ユニオンが指定してきた団体交渉を行う日時が、会社都合により差し支えがあったことから、その日程調整を兼ねて、交渉事項の具体的な内容や団体交渉を行う真意などをユニオン担当者から可能な限り聞き出すことなどを主眼として、ユニオンに連絡のうえ、当事者である会社や組合員が出席しない場で、ユニオン担当者と団体交渉前に事務折衝を行いました。当然、このような事務折衝を行うことについては、会社の事前承諾は得ていました。また、この事務折衝は、団体交渉ではありませんが、後々に紛争に発展した場合のことも考慮し、細心の注意を払う必要があるということは、一般的な交渉業務への対応と同様です。

以上のような事前の事務折衝の結果、会社も知らなかった当該元従業員の事情や団体交渉を行う真意などについて、明確にではなく婉曲的にではありますが、聞き出すことができました。また、私だけではなく、ユニオン担当者も、今後行われる団体交渉の場での落とし所をおおよそ把握することができたのではないかという印象もありました。会社には、この事務折衝の結果をフィードバックし、団体交渉における方針をあらためて策定したうえで、団体交渉に臨むことができました。その結果、団体交渉は円滑に進められ、この件を話合いにより迅速に解決することができました。

もちろん、これは単なる1つの体験談にすぎず、普遍化できるものではありませんが、例えば、団体交渉が行き詰まったときなど、当事者が出席しない場でユニオンの担当者だけと事務折衝をして落とし所を探ることも、場合によっては、1つの手段として検討に値するのではないでしょうか。確かに、労使間の団体交渉には、特有の注意事項があります。例えば、使用者側に立つ場合、団体交渉の場所は、勤務中の従業員や来社する取引先のこと、また、ユニオンが通常指定する組合事務所となった場合の不利益等を考慮すると、貸会議室や使用者側弁護士の法律事務所が望ましいと考えられます。また、団体交渉には、事実関係を最もよく把握している従業員や役員を出席させるべきであり、その場で決断を求められる可能性のある代表者を出席させるメリットは使用者側にはあまりないと考えられます。ほかにも団体交渉の時間を、不当に短くならない範囲でユニオンに事前に通知しておくことや、団体交渉に正当な理由なく応じない場合や誠実交渉義務を懈怠した場合の効果なども知っておくべき事項かと思われます。もっとも、労使間の団体交渉も、交渉業務の一類型にすぎないという認識も弁護士として大切ではないでしょうか。

体験談2

過激なユニオンとの交渉

弁護士8年目　男性　使用者側

団体交渉の申入れ

顧問先の社長から、突然労働組合から団体交渉の申入れがあった、面倒だから全面的に委任したい、という相談がありました。

顧問先は、学習塾を10校ほど展開する会社で、社長は典型的なワンマン社長でした。また、相手方労働者はそこの学習塾で働く事務の女性で、相手方労組は過激なことで有名な地域ユニオンでした。

会社担当者によると、相手方労働者は、男性上司からのセクハラ、同僚の女性従業員からのいじめを受けていると従前から騒いでおり、ある日、その女性従業員と休憩室で殴り合いの喧嘩になり、それ以来1か月ほど無断欠勤が続いているとのことでした。

団体交渉開始！

団体交渉の申入書では、団体交渉の場所として、相手方労組の事務所が指定されていました。団体交渉をどこで行うべきかですが、私は過去に会社の会議室で行い、相手方労組の担当者が帰ってくれないということがありましたので、労組が組合側の施設で行うよう希望しているのであれば、それに従うようにしています。

さて、団体交渉の当日ですが、こちらの出席者は私とトラブルのあった校舎を任されている部長で、相手方の出席者は労組の事務長と次長でした。団体交渉の申入書には社長の出席を求める旨の記載もありましたが、社長を連れていくと即答を求められることもあるうえ、この社長は、団体交渉中に激高し、何を言い出すかわからないというおそれもあったので、本件を一通り把握している部長に出席してもらうことにしました。

団体交渉の開始早々、労組の事務長はかなり感情的に怒鳴るなどし、部長はすっかり萎縮してしまいました。

結局、1回目の団体交渉は、相手方労働者が現在、本件に起因するうつ病で苦しんでいることなど周辺事情を説明された後、慰謝料として300万円を請求され、次回の団体交渉までに会社側で金額について検討する、ということで終了しました。

団体交渉の打切り！？

団体交渉の１週間後、本件トラブルの当事者に対し、セクハラ・いじめの有無についての聞き取りを行いましたが、そのような事実は確認できませんでした。

これを受け、社長や部長、現場担当者などを交え、相手方労組からの提案を検討しました。

現場担当者の話によると、相手方労働者は勤務当初から精神的に不安定で、手首に切り傷があることは職場内でもかなり噂になっていたようです。そして、社長は（予想通り）「１円も支払う必要なんてない！」の一点張りでした。

確かに、訴訟になったところで、相手方に客観的な証拠がない可能性もありましたが、録音をされている可能性も否定できないし、１円も支払わないということでは話合いがまとまる余地はありません。そこで、私から社長に対し、訴訟になった場合の一般的な説明に加え、相手方労組は過激なことで有名であり、和解ができないと何らかの強硬な手段をとってくる可能性もあるので、少額の解決金を支払うということもあり得ることなどを説明し、１週間ほどで決断するようお願いをしました。

しかし、社長の主張は変わらず、２回目の団体交渉で、慰謝料その他名目を問わず、金銭を支払うことはできないと回答しました。すると、やはり相手方労組の事務担当者は激怒し、その翌日から塾の前でのビラ撒きが始まりました。

通常の経営者であれば、もう勘弁してほしい……ということで譲歩をすることもあると思いますが、本件の社長に限ってそんなことはありません。

しかし、さすがの社長もしびれを切らしたのか、５回目の団体交渉が終わった後に、「先生、これまだまだ続くの？　面倒だから、50万くらいなら支払うよ」と譲歩の態度を示しました。私としては、内心「よし！」と思ったのですが、この翌日、怒った社長から電話がかかってきて、「やっぱり昨日の話はなしだ!!」と言われました。

事情を聞けば、労組の事務長が会社の取引先銀行を訪れ、会社はセクハラ・いじめを放置するブラック企業だと触れ回ったようなのです。

あともう少しだったのに……結局、この後も複数回団体交渉を繰り返したものの、進展はなく、また今後進展する見込みもありませんでした。そのため、不当労働行為になるおそれもあるため、滅多なことでは行いませんが、本件では、当方から団体交渉を打ち切ることとしました。

労働委員会のあっせん手続を経て

その後、本件は労組側から労働委員会のあっせん手続の申立てがなされ、その中で、20万円での和解が成立しました。

最後は、労働委員会の方から、何とか社長を説得してほしいと泣きつかれ、私から何とか社長を説得したという形です。

本件を通じて、これまで受任した事案とは異なり、非常にタフな相手方と交渉する力が付いたと同時に、弁護士の仕事は、相手方を説得すること以上に、依頼者を説得することが重要だと、つくづく実感しました。

体験談 3

ユニオンとの団交は「理」をもって

弁護士７年目　男性　使用者側

加入通知と団交申入れ

顧問先の会社から、営業事務職の従業員の１人がいわゆるユニオンに加入し、そのユニオンから団交の申入書が届いたとの連絡がありました。その会社には組合がないため、ユニオンに加入したようです。

申入れの内容は、当該従業員の人事評価が適切に行われず、昇進や配属について不当な扱いを受けているので、改善を要求するというものでした。

申入れへの対応

会社の担当者に確認したところ、最近、人事評価の基準を明確にするべく、職位・職掌に応じて求められる職務内容を明確にし、半期ごとに所属の管理職と面談して評価基準の達成状況を確認するといった制度改定をしていましたが、運用が不十分な部分があったようでした。管理職との面談も、スケジュールが合わずに延び延びになり、期末に形式的な面談をするだけというのが現状でした。

会社には団交申入れに誠実に対応する義務があることを説明したうえで、第一次的には弁護士が会社代理人として団体交渉の場に臨み、会社担当者は事実確認等で必要なときだけスポット的に同席することにしました。

これは、会社担当者がずっと同席していると、その担当者がやり玉に挙げられるなどして、収拾がつかなくなることも想定されたためです。

ユニオンとの接触

会社の代理人としてユニオンに連絡を入れ、会社として団交に誠実に応じる意思であること、代理人として一切の事項を受任したので、会社担当者は常時同席しないこと等を伝えたところ、了解するとの回答がありました。組合の求めている事項（人事評価の適正化）について処分権限をもたない弁護士だけが参加する団交については誠実とはいえない（すなわち、不当労働行為になり得る）という議論もありましたが、弁護士だけが参加する団交を一律に否定するべきでないという見解もあることから、組合の了承は必要であると考えました。

あわせて、実際の交渉は使用者側弁護士の事務所会議室で行いたいこと、会社側は担当弁護士数名で対応し、スペースの関係で、ユニオン側も同程度の人数にしてほしいということも伝えて了解を得ました。会社の会議室等を使うと、関係する従業員やその上司を次々と呼んでこいといった話になりかねませんし、また、大人数で押し寄せられることをあらかじめ防ぐという意図がありました。

団交（1回目）

事前の合意に従って、ユニオン側も数人の担当者と従業員本人だけが来訪し、協議は平穏に始まりました。

交渉の中では、従業員側から感情的な主張も出ましたが、事実関係の問題と、事実の評価に関することを整理し、確認する必要がある事実については会社できちんと確認するということで議論を終えました。

ユニオンというと、大人数で押しかけて威圧するようなイメージがあったのですが、問題解決に向けて相互に協力できる部分は協力するというアプローチがとれるのだと感じました（ただ、ユニオンといっても多くの団体があり、また担当者の個性の差も大きいので、今回の担当者はたまたまそういうスタンスの人物であったと理解した方がよさそうです）。

団交（2回目）、その後

前回、会社側で持ち帰り調査することになっていた事実関係について、社内でのヒアリングや書類の調査を行って回答し、それを踏まえて2回目の交渉を行いました。

会社側と従業員側で事実認識に差異がある点も多く、また、それを前提にした評価も大きく異なっているので、1回目と異なり、かなり険悪な空気になりました。

一応、ユニオン側で持ち帰って検討するということになりましたが、その後に届いた文書では、会社の主張は事実無根の内容ばかりで受け入れられない、といったことが書かれていました。

会社としては、十分な調査をしたうえでの回答なので、これ以上は交渉でどうなるものでもないし、誠実交渉義務は果たしたと考えました。そして、事実関係を争うのであれば訴訟を起こされても構わない、という意思決定をし、ユニオンにもそのように伝えました。

そのまま事態は膠着状態になりましたが、一方で従業員本人は毎日出勤しているわけで、当年度の人事評価も行う必要があります。

会社の人事担当者には、定められた評価制度に従って、粛々と評定を行うように伝えて、事態の推移をみていました。

すると、会社の制度運用は、実績を重ねるうちに適切に行われるようになり、当該従業員が不足をいう余地がなくなったようです。ユニオンから何も連絡がないまま2年ほど経ったところで、当該従業員は退職し、紛争は自然消滅しました。

学んだこと

ユニオンといってもいろいろあり、「理」を通して話す余地もあります。感情に左右されないような場を、意識的に設定することが重要だと思います。

また、誠実交渉義務に反する対応は当然ながら問題ですが、ただし、どこまでやればこの義務を果たしたといえるかは事案によって異なるので、見極めていくことが必要だと感じました。

ワンポイントアドバイス

団体交渉も交渉業務の一類型

確かに、労使間の団体交渉には、特有の注意事項があります。例えば、使用者側に立つ場合、団体交渉の場所は、勤務中の従業員や来社する取引先への影響等を考慮すると、貸会議室や使用者側弁護士の法律事務所が望ましいと考えられます。また、団体交渉には、事実関係を最もよく把握している従業員や役員を出席させるべきであり、その場で決断を求められる可能性のある代表者を出席させるメリットは使用者側にはあまりないと考えられます（他方で、労働組合は、交渉の充実や迅速な労使関係の円滑化のため、代表者の出席を要請することが少なくありません）。ほかにも団体交渉の時間を、不当に短くならない範囲でユニオンに事前に通知しておくことや、団交拒否（誠実交渉義務違反を含みます）の効果なども知っておくべき事項かと思われます。もっとも、労使間の団体交渉も、交渉業務の一類型にすぎないという認識も弁護士として大切であり、各弁護士が日々の交渉業務で醸成している知識や経験を団体交渉の事案ごとに適宜応用をしていくという姿勢も心がけるべきではないでしょうか。

Method

18

手続選択・期日対応

▸ 労働審判を「美味(うま)く」活用しよう！

――労働審判手続は、紛争の実情に即した迅速、適正かつ実効的な解決を図るという目的をかなり実現できる手続であり、弁護士としては、利用できる場合にはうまく利用して、依頼者を紛争の適正な解決に導くべきである。

労働審判手続の特徴

労働審判手続は、個別労働関係民事紛争の解決手段として、①裁判官1名と労働関係に専門的な知識を有する者2名による合議体（労働審判委員会）が、②原則として3回以内の期日で集中審理を行い、③調停の成立による解決の見込みがある場合にはこれを試み、④調停によって紛争を解決できない場合には、事案の実情に即した解決のための多様で柔軟な審判を下す、という特徴を有する手続です。

平均審理期間は申立後平均して70日程度となっており、約70％の割合で調停が成立し、審判確定による解決を合わせると、約80％の解決率に上るので、早期解決を目指す依頼者にとって非常に有用な手続であるといえます。

労働審判手続以外を選択するべき事案ではないか、見極めよう！

労働審判手続の対象となる事件は、労働者と事業主との間に生じた個別労働関係民事紛争に限定されます。したがって、労働組合と使用者間の団体的労使関係紛争や、労働者同士の民事紛争は、その対象となりません。

また、迅速性を確保するため、主張及び証拠の提出時期は、第２回期日終了までに限定されており、基本的に、申立人、相手方ともに第１回期日までに書面による主張・立証を尽くさなければなりません。そのため、大量の書証の分析や専門家の意見書等による詳細緻密な立証を要する事件には労働審判手続は向かないと考えられます。

さらに、労働審判における審理は、当事者や関係人から率直に話を聞いて心証をとる審尋の方法で行われるため、期日には当事者や事情をよく知る関係者（担当者、上司等）を同行することが求められます。そのため、当事者が期日に出席して話をすることを望まない場合には、労働審判手続には向かないと考えられます。

労働審判手続期日利用にあたっての注意点

前記のとおり、労働審判手続期日には当事者及び関係者の同行が求められます。裁判所からは、1、２回目の期日で終結させることができるように、使用者側は、金銭的解決に関する決裁権限を有する者の出席や、少なくとも決裁権限を有する者と当日その場で電話等で連絡がとれることが望ましいともされています。

期日における審尋は、個別に行われる場合もありますが、基本的には同じテーブルを囲む対席の状態で行われます。そこで、依頼者には、事前に労働審判手続における双方当事者の座る位置や進め方（審判官が中心になって、双方に対して質問をしていく方法）を説明しておき、また、それぞれが自己の立場で自己の主張をするので、「それは違う！」と口を挟みたくなる可能性はありますが、冷静になり、聞かれたことに対し、聞かれた際に、１つ１つ丁寧に答えるように、と説明しておくことが重要です。

体験談 1

労働審判か、訴訟か？

弁護士 10 年目　女性　労働者側

労働審判手続を使いたいが……

あるパワーハラスメントの事案で相談を受けた際のことです。

相談者は、施設長からパワーハラスメントを受け、施設運営法人（複数施設を運営）の顧問であるという弁護士に相談もしたが、全く解決に向かわず、挙げ句の果てに、雇用期間満了により雇止めとなってしまいました。雇止め自体は、１回目の更新時期に行われたものであり、相談者から聞いた話によっても、効力を争うのはかなり難しそうですが、施設長の対応や、施設運営法人の対応のまずさが際立つという事件でした。相談者の願いとしては、施設長と施設運営法人の両方に、対応が間違っていたことを自覚してほしい、というもので、施設に戻りたいという希望はもってはいませんでした。

パワーハラスメントの態様に照らし、慰謝料金額が高額になるような見込みは立たないものの、パワーハラスメントが違法であることはいえそうであり、また、相談者も次の就職先はすぐに決まりそうな職種であるため、早期解決するべき事案として、労働審判手続を選択して、双方が裁判所に１回目の期日でしっかりと言い分を出し合い、話合いによる解決を導いてもらうべきだろうと考えました。

しかしながら、施設長は事業主ではなく、労働審判の対象となる「労働契約の存否その他の労働関係に関する事項について個々の労働者と事業主との間に生じた民事に関する紛争」に該当しないのではないかとの懸念がありました。相談者本人は、施設長が施設運営法人に守られている状態が納得できていなかったので、施設長を当事者とすること（施設長に申立書が送達されること）を希望していたことから、問題となりました。

申立窓口にて

前記のような懸念事項はあったのですが、本件の解決のためには労働審判手続が最も適しているという考えのもと、施設長、施設運営法人の双方を相手方として、労働審判を申し立てました。申立窓口においては、やはり、「施設長は事業主ではないので、労働審判の相手方になるかどうか……担当部の判断になります。それでも申し立てますか？」と確認されました。私はそれでも申し立てる旨を伝え、一応窓口で受理してもらうことはできました。

労働審判の性質上、「本件について事情をよくご存知の方を同行するように」と裁判所からも求められますので、施設長が当事者にならなくとも、期日には施設長は出席すると予測されました。そのため、依頼者には、もしかすると、施設長を相手方から外すよう指示を受けるかもしれないけれど、施設長も申立書を把握して同席するはずだから、という説明をしました。

労働審判手続での解決

結局、担当部では、特に施設長を相手方とすることについて何も言われず、期日の調整が行われました。

相手方からは、答弁書により、施設長は当事者適格を欠くので却下するべきとの答弁がなされましたが、第１回期日では、裁判所からその点に関して特に触れられることなく審尋が行われ、私が見通していた金額の範囲内での金額の調停案が示され、依頼者も納得のうえ、調停を成立させることができました。

労働審判手続での解決

本件では、おそらく、当該施設運営法人における施設長には事業主と同視し得る権限等を与えられていたことや、審判ではなく調停成立による解決の見込みが高かったことから、施設長を相手方当事者とすることの是非について、特に重要視されなかったのだと考えますが、申立窓口担当者の形式審査の段階では、前記のとおり疑問を呈されましたので、パワーハラスメント等の事案で、事業主以外に加害者本人を相手方として労働審判を申し立てる際には、慎重な判断や、裁判所書記官（事務官）への説明の準備が必要になるでしょう。依頼者にも、労働審判として受け付けてもらえず通常訴訟となるリスクを十分説明して行う必要があります。

本件では、十分に主張・立証を尽くした申立書を提出し、相手方に読ませることができたこと、また、労働審判手続期日においても、申立人が審判官と審判員及び相手方に対して、自身の思いを直接話すことができたこと、それを受けて、審判官と審判員が申立人の気持ちを理解する態度を示してくれたこと、想定の範囲内の中で高めの解決金の提示を受けることができたことから、依頼者の満足が得られ、しかも、１回の手続で早期解決することができましたので、やはり労働審判手続を利用して正解だったと感じました。

体験談２

労働審判は早期の解決となるのか？

弁護士７年目　男性　労働者側

訴訟か審判か

弁護士１年目のときでした。労働審判は、３回で終了するし、審判官が率先して争点を整理し、手続の早い段階で心証も開示してくれるから、積極的に活用した方がいいとアドバイスを受けてから間もない頃、同じ飲食店に入社してから３年以上経過する従業員３名から、残業代を一切支払ってもらっていないとの相談を受けました。事情を聞くと、調理士免許を持っている３名だけが正社員で他はアルバイト従業員という構成のため、正社員である３名は、午前11時の開店から、午後11時の閉店まで、店舗を切り盛りしており、週１回のみ交代で休日をとる生活でした。タイムカードもなく（開店日がわかれば、勤務時間がわかりますと苦笑しながら言われました……）、雇用契約書、就業規則等も一切ない状態で、基本給と固定残業代１人３万円しか支払われておらず、しかも３か月後には、店舗を閉店すると言われたとのことでした。

このような状況で、閉店すると言われるくらいだから、お金があるかもわからないので、早く解決してほしいとの相談でした。

わかれ目はどこなのか？

確かに労働審判であれば、訴訟よりも早く審理が終わる可能性が高いですが、調停が成立しなければ、審判がたとえこちらの要望通りの結果だったとしても、相手方が異議を申し立てれば、結局裁判となってしまいます。

また、労働審判では、付加金の支払いが認められないというデメリットもあります。

結局私としては、依頼者3名が、ある程度請求額を減額しても、早期の和解を希望していたことや、裁判所に納める印紙代もできるだけ節約したいということでしたので、労働審判を選択することにしました。

労働審判の結果は？

申立ての際に、当時私は、よく考えず、3名を申立人3名として1つの申立書を提出してしまいました（いわゆる共同申立て）が、申立書を提出した瞬間に、裁判所から、1労働者1申立てのルールを説明されもう一度、申立書や証拠を一からやり直すのかと思い、青ざめてしまった記憶があります。今回は、各申立人の事情が共通していることから申立書の出し直しは免れたのですが、東京地方裁判所など裁判所によっては、共同申立ての自粛を要請しているので、注意が必要です（ただし、現在の裁判所の運用としては、概ね特別の事情がない限り、併合審理を求める申立てを認め、その後の審理経過により、併合審理が相応しくない事案のみ分離するという運用がなされているようです）。

相手方からは、料理長は、仕入れ等も自由裁量であったことやタイムカード等で労働時間を管理しなかったのは、労働時間を制限しておらず、自由に勤務できる状況であった、お客が来ない午後1時から午後5時までは休憩時間だった等いろいろと反論を詳述する答弁書が出されました。

こちらも可能な限り、すぐに反論しました。期日まで時間がない中で主張・立証を尽くさなければならないため、労働審判手続の代理人は、相当大変な仕事だなという印象でした。

また、審判官から、第1回目の期日において、「労働審判の申立てをされたのですから、どれくらいで和解するつもりですか？」と聞かれたのもとても印象的でした（当該審判官だけかもしれませんが……）。

そのうえで、審判官から、休憩時間を一切控除していなかったこちらの請求から、その部分は控除すべきである等、一定根拠に基づく概算的な和解案も提案されました。結局２回目の期日で調停が成立し、調停内容通りの金銭も支払われました（申立てから約３か月で決着しました）ので、このケースは、労働審判を選択したことにより、早期解決が図れたといってもいいのではないかと思います。ただし、請求額からは2〜３割程度減額した額での調停成立でしたので、常に労働審判を選択すればよいというわけでもないと思います。

体験談３

キーパーソンには要注意

弁護士７年目　女性　使用者側

それは無効な解雇以外のなにものでもありません……

ある会社の人事部長から、労働者との間の労働契約を合意解約したところ、その労働者から当該解約は無効な解雇であるとして労働審判を起こされた、どのように対応したらよいかという相談を受けました。

その会社は病院を経営する医療法人で、労働者は理学療法士の女性でした。労働契約を合意解約した理由を尋ねると、労働者が妊娠し、もはや病院で理学療法士として働くことは困難であると判断したからだというのです。会社としては、労働者に他の仕事を探すよう助言したところ、労働者はわかりましたと言って納得したので、双方合意のうえで労働契約を解約したということでした。労働者が作成した退職届など、労働契約の合意解約を裏付ける証拠書類はあるのかと尋ねると、そのような書面はない、全て口頭でのやり取りだけだというのです。この段階で旗色の悪さを感じていましたが、病院における人員配置の状況、退職に至るタイムスケジュール、手続の履践状況などを確認していくうちに、本件は労働契約の合意解約の事案ではなく、使用者によって解雇が行われ、かつその解雇は無効であると判断される事案であると確信しました。人事部長には、本件は、労働契約の合意解約ではなく無効な解雇と認定される可能性が高いこと、バックペイを支払わなければならないこと、労働者を復職させなければならないことを伝えました。人事部長は全く納得できないという反応で、「妊娠した労働者を雇い続けなくてはならないなんておかしいでしょう」と言うのです。どれだけ説明を繰り返しても、納得してもらうことはできませんでした。

それでも、第１回労働審判期日は刻一刻と近づいていましたので、会社としては労働契約の合意解約を撤回し、労働者には復職してもらう、仮に労働者が退職を希望した場合に備えて、相応の解決金を支払う用意をして期日に臨むことになりました。会社側で労働者との折衝にあたってきたのは人事部長だったうえに、他に適任者もいなかったことから、期日には人事部長に出席してもらうことになりました。ですが、それまでの人事部長とのやり取りから、私には「危険な予感」がありました。

労働審判にはキーパーソンを同行せよ？

第１回労働審判当日。季節は秋だというのに、その日は残暑が厳しく、西日の差し込む部屋の中はまさに蒸し風呂状態でした。

主張及び争点整理後、会社側の審尋が行われました。事前の打合せに従い、当初は冷静に審判官の審尋に回答していた人事部長でしたが、審判官からの厳しい追及に加え、空調の効いていない室内で、次第にヒートアップしていきました。冷静になるようにと何度か合図を送っていましたが、功を奏さず。ついに禁断の一言を述べてしまったのです。「妊娠した労働者を雇い続けなくてはならないなんておかしいでしょう」。その場が凍り付いたことは言うまでもありません。

想定の範囲内？

審判官の心証開示は想定通りでした。本件は、労働契約の合意解約事案ではなく、無効な解雇事案である。労働者は復職を希望しておらず、解決金の支払いを求めてきました。しかし、審判委員会から示された解決金の金額は、想定していたよりも少額でした。憮然とする人事部長を前に、和解するなら今しかないと説得に説得を重ね、同日のうちに解決に至りました。

労働審判は短期決戦の手続ですので、解決の機を逸しないためにも、キーパーソンを同行することは必須です。一方で、短期決戦ゆえに、必ずしも十分な準備を行うことができるというわけでもありません。それでも、当事者には事前にできる限り詳細な説明をし、いくつかの解決パターンを想定して期日に臨むことが肝心であることを学びました。そうすれば、大抵の出来事は想定の範囲内に収まるはずです。

ワンポイントアドバイス

メリット・デメリットを踏まえ、しっかりとした事前準備を

労働審判手続は、迅速・柔軟な解決が図られ、高い解決率で運用されている制度ですので、利用できる事案においては積極的に利用を検討するべきです。

他方で、争点が多数かつ複雑な事案での利用や、双方が折り合える可能性が低く、調停成立の見込みがない事案での利用には不向きです。また当事者が期日に同行してその場で審尋が行われるという特徴に向かない依頼者もいるのは事実です。体験談３のように、興奮してその場で不適切発言を惹起してしまい、審判委員会の心証を悪くする、というよう

なことも十分あり得ますので、当事者を同行する際には、事前のレクチャーが不可欠です。

さらに、審判官から想定している解決金額の水準を率直に尋ねられる場合もありますので、事前に同種事例の解決水準のリサーチを行うなどして、依頼者に対しては、当該事案で労働審判手続を用いる場合に、どのくらいの水準での解決が妥当と考えるか事前に説明し、了承を得ておくことも必要でしょう。審判官に対して、想定している金額とその根拠を説得的に説明できれば、労働審判委員会からの信頼も得られ、調停に向けた説得を熱心に行ってもらえることがあるように感じます。

Method

19 訴訟（未払賃金請求）

▸ 残業代請求事件は奥が深い

——労働者が使用者に対し未払賃金、特にいわゆる残業代の支払いを請求する場合に、タイムカードなど、当該労働者の実労働時間を証明する証拠が十分に手元に揃っていないということもある。一方で、残業代請求においては、労働者が実労働時間の主張・立証責任を負っている。そこで、労働者から残業代請求の相談を受けた弁護士としては、実労働時間を立証するための証拠を確保すべく、時宜にかなった的確な助言をすることが肝心である。

実労働時間はどのような証拠で立証するのか

実労働時間の立証方法としては、タイムカード、事業場への入退室記録、パソコンのログ、電子メールの送受信記録、通話記録などを利用することが考えられます。また、運送事業における運行管理表や運行記録計（いわゆるタコメータ）など、行政法規等で作成・保管が義務付けられている文書がないかを探すことも大切です。これらの証拠は、実労働時間を客観的に証明するものとして証拠価値が高い一方で、通常は使用者が所有等していることから、労働者には入手しづらいという側面があります。

前記のほかに、労働者が作成した業務日報、手帳・日記等の記録、最近ではLINEのやり取りなども証拠として利用することが考えられます。思いがけないところに実労働時間に結び付く証拠が存在していることがありますが、労働者にその認識がない場合もありますので、労働者からの聞き取りには工夫が必要です。また、これらの証拠の入手は容易ですが、一方で、タイムカード等に比べて客観性が乏しかったり、必ずしも業務に直接関係する記載がなされているとは限らないということもあります。ですから、内容の整合性を十分に吟味して、証拠として採用できるか否かを慎重に検討する必要があります。その際は、当該労働者の労働実態についても十分な聞き取りをし、使用者の指揮命令下で行われたと認定され得る残業時間数をできる限り正確に把握しておくことが肝心です。

なお、残業代請求事件では労働時間の証拠方法が注目されますが、その前提として、労働者の具体的な労働実態を丁寧に確認しておくべきことは言うまでもありません。

退職する前に証拠の確保を

労働者には、退職する前に実労働時間の立証に役立つ証拠を確保しておくようアドバイスすることが肝心です。例えば、タイムカード等の写真を撮っておくということが考えられます。ただし、タイムカード等は使用者の所有物ですから、これらを持ち出すと犯罪になりますので、この点もアドバイスは怠らないようにしましょう。

すでに退職してしまっていたら

労働者がすでに退職してしまっていて目ぼしい証拠を確保していない場合には、使用者に対し、タイムカード等の開示を求めることになります。この際、労働者が就業規則等を所持していない場合には、就業規則や賃金規程等もあわせて開示を請求するようにしましょう。

使用者が開示請求に応じず、具体的な実労働時間を立証できない、又は、残業代の計算ができないという場合には、労働者が所持している証拠等から概算して交渉なり裁判上の手続に踏み切るという方法もあります。その場合には、労働者に対し、訴額や認容額に変更が生じる可能性があることを十分説明しておくことが重要です。

体験談1

塵も積もれば山となる残業代の立証

弁護士7年目　女性　労働者側

本当に残業代はゼロなのか？

依頼者は、夫（以下「男性」といいます）を自殺で亡くされた妻子でした。男性は、A社（リフォーム業）の営業職として従事してきた真面目な人物で、ほぼ毎日、午前8時半に自宅を出て、深夜12時半に帰宅するという長時間労働を行っていました。男性の休日は、週に1度あるかないかで、いつも自動車に営業資料を積んで営業に出かけていました。男性の手帳には、日々のアポイントメントが几帳面に書き連ねてありました。

しかし、男性に残業代は支払われていませんでした。その男性には、事業場外みなし労働時間制（労働基準法38条の2）と固定残業代が適用されており、どれだけ残業したとしても残業代が発生しない仕組みになっていました。

その仕組みは、社内労働も含めて事業場外みなし労働時間制が適用され、1か月分の労働時間を「所定労働時間+85時間」残業したものとみなしたうえ、当該85時間分の残業代について「基本給の40%を残業代とする」との固定残業代制を適用することで、月例賃金の中で既払いとするものでした。

難航する訴訟

兄弁と私は、まず、A社に対して内容証明郵便を送り、就業規則やタイムカード等の証拠の提出を求めましたが、いずれも開示されませんでした。A社にはタイムカードが存在せず、始業・終業時刻の管理は自己申告で行うこととされていました。

私たちは、手持ちの証拠を集めたうえで、A社に対して残業代請求訴訟を提起し、同時に、就業規則、賃金台帳、始業・終業時刻の自己申告書類の開示を求める文書提出命令の申立てを行いました。

訴訟の争点は、①男性の残業時間、②事業場外みなし労働時間制の有効性、③固定残業代の有効性、でした。

訴訟提起をしたのはいいものの、残業時間を立証できる明確な証拠が存在しないことと、事業場外みなし労働時間制の抗弁の壁は相当厚く、訴訟活動は難航しました。

地道な立証

私たちは、残業時間の立証のため、男性の日記やメール履歴、私物パソコンに残されていた膨大なデータを1つずつ確認しました。

すると男性は、業務終了後に業務日報を作成してA社に送付していることがわかりました。これを踏まえ、文書提出命令の対象を当該業務日報に切り替えるとともに、パソコンのログデータの開示を求めることとしました。

期日でも、裁判官を通じて記録の開示を促し続けた結果、ようやく相手方から業務日報が開示されました（ログデータは提出後1か月で破棄されていました）。

私たちは、①残業時間の立証のため、私物パソコンの中にあった大量の見積書データの更新時間、業務日報の作成時間、業務メール送信時間を、それぞれ毎日、2年間分エクセルに記録していき、その中で一番遅い時間をその日の残業時間とする主張・立証を行いました。

A社の主張する抗弁に対する反証

メール履歴を精査していくと、A社では営業先からの直行直帰を原則として禁止するとともに、顧客獲得時の中間報告を行うことを注意喚起するようなメールがあることを発見しました。労働基準監督署にも確認すると、A社は、三六協定及び事業場外みなし労働時間制協定の双方を届け出ていないことも判明しました。

これらの証拠を期日に提出することで、②事業場外みなし労働時間制に関する裁判官の心証を変え、A社も当該抗弁を撤回しました。

また、③固定残業代については、A社の就業規則に則って試算を行い、基本給と残業代部分が明確に区別して計算できないことを主張・立証しました。

これらの主張・立証の結果、私たちは、残業代の請求を認める判決を獲得することができました。

体験談 2

タイムカードが手元にない場合

弁護士６年目　男性　労働者側

退職した後の残業代請求

ある会社を退職した従業員から、会社に残業代を請求できないかとの相談を受けました。１日８時間以上勤務していたにもかかわらず、残業代は支払われていなかったとのことでした。ただ、労働時間はタイムカードで管理されていたものの、退職する際にタイムカードをコピーしておらず、どれだけ残業代があるかはわからないとのことでした。

タイムカードの開示請求

相談者が会社にタイムカードを開示するよう請求したものの、会社はこれを無視していたようです。ただ、大阪地判平成22年７月15日労判1014号35頁〔28170125〕では、「使用者は、労基法の規制を受ける労働契約の付随義務として、信義則上、労働者にタイムカード等の打刻を適正に行わせる義務を負っているだけでなく、労働者からタイムカード等の開示を求められた場合には、その開示要求が濫用にわたると認められるなど特段の事情のない限り、保存しているタイムカード等を開示すべき義務を負う」と判示しています。そこで私は、この裁判例を通知書に引用し、会社にタイムカードを開示するよう請求しました。その甲斐あってか、会社は、タイムカードを送付してきたことから、未払いの残業代を算出することができました。

もしタイムカードの開示がなされていなかったら……

このケースでは、タイムカードの開示がなされましたが、もし開示がなされなかった場合にはどうしたらよいでしょうか。前記裁判例では、「正当な理由なく労働者にタイムカード等の打刻をさせなかったり、特段の事情なくタイムカード等の開示を拒絶したときは、その行為は、違法性を有し、不法行為を構成する」と判示していますが、慰謝料は10万円にとどまるという結論となっています。使用者がタイムカード等の提出を拒むことにより、労働者による労働時間の立証を妨害することで、残業代の支払義務を免れることがまかりとおるのだとすれば到底納得できるものではありません。

会社からタイムカードの開示がなされなかった場合には、相談者から労働時間をヒアリングし、それに対応する客観的な証拠があるものについては、それをもとに算定するという方法をとらざるを得ません。労働時間を毎日記載したメモがあれば、それも証拠として有用といえると思いますが、そのようなケースは少ないのではないでしょうか。このケースでは、毎日の出勤時間については、家族が認識しており、勤務先から直帰する場合には、家族に電子メールの送付をしていたという事情があったことから、タイムカードの開示がなされなかった場合には、それらの時刻等から勤務時間を推測して算出することになったと思います。

なお、働き方改革により労働安全衛生法が改正され、労働時間の状況については、使用者の現認や客観的な方法による把握を原則として定めることとされています（改正法66条の8の3、2019年4月1日施行予定）。改正法では罰則までは設けられていないものの、使用者は、従前よりもタイムカードの開示を拒否するという対応をしづらくなるのではないかと思います。

ワンポイントアドバイス

残業代請求事件は、近時、容易に入手できる残業代計算ソフトが存在することなども相まって、一部の労働者側弁護士は定型的で敷居の低い事件という印象をもっているようです。しかし、実際には、残業代ソフトに入力するための実労働時間そのものを把握することが困難であったり、変形労働時間制が採用されていて残業代ソフトを利用できない場合があったりと、紛争の解決に至るまで想像以上の時間や労力を要する事案が決して少なくありません。受任にあたっては、労働者がどのような証拠を確保しているのかということを慎重に聞き取ったうえで見通しを立てることが重要です。

Method
20
訴訟（地位確認請求）

▶ 長期戦に備えよ

――使用者に解雇された労働者が、当該解雇には客観的に合理的な理由がなく社会通念上相当でないと考える場合、使用者への対抗手段の１つとして、使用者との間の労働契約に基づき労働者としての地位を有することの確認を求め地位確認請求訴訟を提起することがある。労働事件において地位確認請求訴訟は最も典型的な訴訟類型の１つであるが、争点が多岐にわたり主張・立証が複雑化することが少なくないことから、紛争が長期化することがある。相談を受けた弁護士としてはこのような特性を十分に理解したうえで、労働者又は使用者に対し的確な助言をすることが肝心である。

地位確認請求訴訟における労働者代理人の注意点

労働者から解雇を争いたいとの相談を受けた場合、まずは労働者が使用者から交付された解雇理由証明書の内容を確認します。労働者が使用者から解雇理由証明書の交付を受けていない場合には、使用者に対し当該書面の交付を請求しましょう（労働基準法22条1項、2項、120条1号）。解雇理由を確認するために不可欠であるだけでなく、使用者による後付けの解雇理由の主張を防止するためにも有用です。解雇に客観的に合理的な理由があるか否かは就業規則所定の解雇事由が存在するか否かによることになりますので、労働者が就業規則等の諸規程を所持していない場合には、使用者に対しあわせて諸規程の開示も請求するようにします。検討の結果、解雇が無効であると判断した場合には、使用者に対し速やかに解雇は無効であるので撤回を求める旨の通知をする必要があります。労働者が解雇を承認したと評価されることを回避するためです。同様の理由から、労働者が使用者から解雇予告手当の支払いを受けている場合には、解雇予告手当の返還の意思表示を行っておくことが重要です。

解雇無効を訴訟で争う場合には、あわせて解雇時から復職時までの未払賃金（バックペイ）の支払いを請求することが大半です。しかし、バックペイが支払われるのはあくまで紛争解決時ですから、労働者にはそれまでの間、収入がありません。そこで、賃金仮払仮処分命令の申立てのほか、失業給付の仮払いを受けることによって収入を確保することが考えられます。また、健康保険についても社会保険の任意継続手続をとる又は国民健康保険に加入手続をとるという方法がありますので、この点についても助言が必要です。さらに、労働者が解雇期間中に他所で収入を得た場合には、その収入が中間収入として控除される可能性がある（民法536条2項後段）ことについて説明をしておくことが重要です。

地位確認請求訴訟における使用者代理人の注意点

使用者から労働者を解雇する前に相談を受けた場合には、そもそも解雇が有効か無効かという観点から適切なアドバイスを行うことができます。しかし、実務上は、使用者による解雇が行われ、労働者によって地位確認請求訴訟が提起されてしまってから相談を受けるということも少なくありません。そのような場合には、まずは使用者から、解雇事由、解雇の相当性、適正手続の履践等につき慎重な聞き取りをし、解雇の有効性を検討する必要があります。検討の結果、訴訟において解雇が無効であると判断される可能性がある場合には、使用者に見通しを説明したうえで、アドバイスをする必要があります。労働者が地位確認請求訴訟を提起する場合、その大半においてバックペイの支払いも請求するものです。訴訟追行の結果、仮に解雇が無効であると判断されると、使用者は、解雇時から復職時までの賃金全額に遅延損害金（年5％又は6％）を加えて支払わなければなりません。地位確認請求訴訟は解決に至るまで長期間を要する場合が少なくないことから、使用者は、思いのほか高額の金銭を支払わなければならなくなるという事態にもなりかねないのです。ですから、解雇が無効であると考えられる場合には、労働者との交渉によって早期解決を図るように促すことも重要です。

体験談1

腹が減っては戦はできぬ

弁護士7年目　女性　労働者側

解雇予告手当を供託する

能力不足を理由として解雇された労働者から、解雇を争ってほしいという依頼を受けました。会社からは、労働者の給与の振込口座宛てに、当月分の給与と解雇予告手当が振り込まれていました。依頼者からは、当月分の給与はともかくとして、解雇予告手当はこのままにしておいていいのかという質問を受けました。たとえ会社から一方的に解雇予告手当が振り込まれたとしても、そのまま放置しておけば、退職を承認したものと認定されかねません。そこで、まずは会社に対し内容証明を出し、解雇は無効であるから直ちに依頼者を復職させること、解雇予告手当を返還するので振込口座を指定することなどを求めました。しかし、会社からは何の反応もありませんでした。

依頼者が解雇予告手当を受領していないことをより明確にする方法が他にあるのか調べたところ、解雇予告手当を法務局に供託する方法があることがわかりました。法務省のホームページには、各種供託書の記載方法が例示されており、その中には、労働者が解雇予告手当の受領を拒絶し、使用者が解雇予告手当を供託する場合の供託書の記載方法が掲載されていました。「この例を参考にして記載しよう」と考え、必要書類を確認するために管轄の法務局に電話したところ、なんと、法務局の担当職員が、事前に供託書の記載内容に間違いがないか確認してくれるサービスがあるというのです。供託所の思いがけない便利さを発見した瞬間でした。

結局この事案では、解雇予告手当を未払賃金に一部充当してその分は既払いとし、残りの未払賃金についてはその支払いを求めるという訴訟を提起することにしたため供託手続を行うことはありませんでしたが、労働事件以外にも応用できる小さな発見がありました。

腹が減っては戦はできぬ

依頼者からは、生活に密着したさまざまな手続についても質問を受けました。

まずは、収入を確保するために失業給付を受給していいのかということでした。失業給付には「仮払い」という制度があることから、この制度を利用すれば収入を確保することができます。なお、解雇が無効であることが確定し労働者がバックペイを受領した場合などには、給付金を返還しなければならない点には注意が必要です。

また、解雇を争っている間、別の会社等で就業してもいいのかと質問されることがあります。確かに、別の会社で就業するということは、退職を承認したとも受け取れ、解雇を争う姿勢と矛盾するようにも思えます。しかし、誰しも収入を得なければ、生活していくことはできません。ですから、別の会社等で就業しているという事実をもって、解雇を争う意思が否定されるということにはなりませんが、将来、解雇は無効であり、使用者からバックペイが支払われる可能性が高くなってきた場合には、別の会社等で就業したことにより得た収入が一定の割合で控除される可能性があるということを依頼者に十分説明しておくことが重要です。

前記以外にも、使用者が社会保険の資格喪失手続を行った場合には、労働者は国民健康保険に加入するか、健康保険を任意継続するかを選択して各手続を行う必要があり、訴訟に限らず労働者の実生活に即した知識を獲得していることが求められます。

体験談 2

解雇期間中も賃金を払う？

弁護士７年目　男性　使用者側

前社長の親戚の従業員を解雇する

パソコンも使用できず、ほとんど仕事をしていない前社長と親戚関係にあった従業員（以下「相手方」といいます）を解雇したが、すぐに解雇無効の通知書が届いたとの相談を受けました。

相手方は、担当する仕事が少なかったため、取引先と雑談をして過ごすことが大半であり（しかも会社の悪口を言っていたようです)、担当した仕事ではミスも多かったそうです。そのような状態で、相手方は、就業時間終了後、突然、「明日から会社を休む」と言って退社したきり、連絡もとれない状態で１週間会社を休みました。その後、相手方は何事もなかったように「また週明けから出勤する」との連絡をしてきたため、会社側は、相手方に対して解雇予告手当を支払ったうえで、解雇通知を出したようです。会社としては、相手方の存在が会社に悪影響を及ぼすことから、絶対に戻ってきてほしくないとのことでした。

解雇後も賃金を払う必要があるのか？

相手方は、前述のとおり、ほとんど仕事をしていなかったにもかかわらず、会社は同じ仕事をしている従業員の倍近い給与を支払っていたそうです。会社としては、当然解雇は有効だと思っており、徹底的に争う意向でした。

しかし、解雇ができるかどうかについては、これまでの勤務態度や指導状況、就業規則の記載等、十分調査・検討する必要がありますのでその点を確認し、今後の対応について相談しました。

相手方は、1週間の無断欠勤について、有給休暇を取得していただけとの主張を前提に、労働者であることの地位確認と解雇期間中の賃金の支払いを求める訴訟を提起しました。

私は、事前の相談でも、会社は相手方に対して、これまで何ら指導等もせず、いきなり解雇通知を出して解雇している点等から解雇が認められない可能性もあることを説明していました。しかし、会社側は、訴訟が提起されても、解雇が当然認められると安易に考え、裁判が長期化してもいいから徹底的に争うとのスタンスでした。

私も最初から説明しておけばよかったのですが、訴訟提起後に、解雇が無効となった場合には、相手方が復職することを拒否できないということを説明するとともに、解雇が無効となった場合には、賃金（バックペイ）を払う必要があるということも説明しました。

出社していない人になぜ賃金を払う必要があるのかということについて納得してもらうのに時間がかかりましたが、納得してもらった後は、会社側は、相手方が復職せずに、相手方に金銭を支払うことで早期に和解することを希望するようになりました。

このように、会社側に対しては、単に解雇が認められるかどうかだけを検討するだけでなく、バックペイの説明をしたうえで、早期の解決を図るかどうかを検討する必要があることを実感しました。

また、会社側としては、相手方が解雇期間中に他所で収入を得た場合には、その収入がアルバイト的なものでなければ、中間収入の控除の対象となるので、従業員が再就職しているかどうかも確認する必要があります。

さらに、本事案では、解雇を争っているうちに、相手方が定年を迎えることになったので、定年後の再雇用等についてもフォローする必要がありました。

結果、本事案では、解雇後定年までは5か月でしたが、解雇が無効となった場合、定年後も再雇用をしなければならない可能性もあったため、会社側が、相手方に、8か月分の賃金相当額を解決金として支払うことで和解し、退職してもらいました。なお、解決金について額面で合意しましたが、実質は賃金であることから源泉徴収義務があることがわかり、相手方との調整に難儀しました。

ワンポイントアドバイス

訴訟追行の結果、解雇は無効であると判断され、使用者が労働者に対しバックペイを支払わなければならなくなった場合、使用者には所得税の源泉徴収義務がありますので、この点には十分注意しましょう。使用者が源泉徴収をせずにバックペイを支払ってしまうと、労働者に対し求償せざるを得なくなり、訴訟終結後も、無用な紛争を招きかねません。

Method
21 賃金仮払仮処分命令申立て

▸ 仮処分は仮じゃない

――解雇された労働者が、当該解雇は無効であるとしてその効力を争う手段の１つに仮処分がある。仮処分においては、被保全権利の存在及び保全の必要性の２つの要件を満たさなければならないところ（民事保全法13条１項）、実務上は保全の必要性について特に厳格な審査がなされ、発令に至らないというケースもある。労働者代理人としては、徒に時間を浪費する結果とならぬよう、仮処分を選択することの妥当性を慎重に検討しなければならない。一方、使用者代理人としては、紛争の終局的な解決のタイミングを逸しない判断をすることが重要である。

仮処分はどのようなケースにおいて選択するべき手段なのか

労働者が解雇された場合、本訴の前提として、又は本訴と同時に①労働契約上、労働者としての地位を有することを仮に定める地位保全仮処分と、②賃金の仮払いを命ずる賃金仮払仮処分を併合して申し立てることが考えられます。仮処分には迅速性が求められ、かつ、権利義務の存否を暫定的に定める手続であることから、立証の程度は疎明で足りるとされています（民事保全法13条２項）。このことから、訴訟と比べて紛争解決に要する期間が短いことが一般的です。期間の長短の点からすると労働審判を選択するということも考えられますが、労働審判は異議の申立てによって訴訟に移行する（労働審判法22条1項前段）こともあり得るので、必ずしも短期間で決着がつくとは限りません。

仮処分を選択する場合、特に保全の必要性の要件を備えているか否かについて入念に調査、検討をしておく必要があります。地位保全仮処分における保全の必要性は、債権者に著しい損害が生じる又は急迫の危険を避ける必要があるか否かによるところ（民事保全法23条2項)、保全の必要性が肯定されるケースは少ないというのが現状です。一方、賃金仮払仮処分においては、賃金が支払われないことによって労働者及び家族らが経済的な危機に陥り生活に困窮することが疎明できれば、保全の必要性が肯定されることがあります。裏を返せば、労働者に一定の資産がある場合には保全の必要性が否定されることがあるということですので、仮処分を選択するか否かは慎重に検討するべきです。労働者の資産状況を聞き取る際は、当該労働者のみならず、同居の家族らの収入等についても注意を払うことが必要です。

仮処分命令の発令はどのような効果をもたらすのか

労働者の立場からすると、賃金仮払仮処分については、仮処分命令が発令されることによって使用者から仮に賃金が支払われることになります。しかし、仮払いが認められる賃金額は、必ずしも当該労働者が従前受領していた賃金額全額とは限らない（賃金額を下回ることがある）という点に注意が必要です。また、仮処分命令発令時までにすでに発生している賃金は、原則として仮払いの対象とはなりません。さらに、仮払いの期間も、仮処分命令発令後1年間、又は本訴の第一審判決言渡しまでというように、限定されることが多いことにも注意が必要です。

一方、使用者の立場からすると、仮処分命令が発令されれば、一定額の賃金を、一定の期間、労働者に対して支払わなくてはならなくなります。つまり、労務の提供なしに賃金だけを支払わなければならないという事態になるのです。また、仮処分は本訴の前提又は本訴と同時に申し立てられるところ、仮処分において解雇の無効を前提として賃金の仮払いが認められれば、本訴においても同様の判断がなされる可能性が高いことを意味します。このことからすると、使用者代理人としては、使用者に対し、仮処分において労働者と和解し終局的な紛争解決を図ることも有益な選択肢の１つであるということを助言することが不可欠です。

体験談 1

仮払いで満足できるのか？

弁護士７年目　男性　労働者側

賃金仮払仮処分命令申立てはどんなときにする？

社長は父親、社員は、兄と依頼者（娘）だけという家族経営の会社において、親子喧嘩により、社長である父親が依頼者に対して、突然、「もう会社に来るな」と言って解雇し、給与も支払われなくなってしまったという相談を受けました（相談に来た段階ではすでに２か月の給与が未払いの状態でした）。依頼者は、夫と小学生の娘の３人で生活しており、依頼者の収入がなくなってしまうと生活ができず、本裁判が終わるまで待つことができない状況でした。

私としては、労働審判でも早期の解決ができる以上、労働審判の申立てを先にしてしまうことも検討したのですが、時間が切迫しており、調停ができず、労働審判に対して異議を出されてしまうと、結局長引いてしまう危険もあり（かなり感情的な部分があるようでしたので、社長である父親は徹底的に争うことが予想されました）、賃金仮払いの仮処分の申立てをすることにしました。

必要な資料は？

お恥ずかしい話ですが、賃金仮払いについては、解雇が無効であることの疎明ができれば（被保全権利について立証ができれば）、保全の必要性については、そこまで厳格に立証する必要はないかと思っていました（職を失い無収入となれば経済的に困窮することは明白ですので、その点を記載すれば足りるのかと安易に考えていました）。

しかし、現実には、個人破産の申立てをする際に使用するような、毎月の家計の収支一覧表を作成し、それに対応する預金通帳も開示しなければなりませんでしたし、水道光熱費等、預金通帳から引き落とされていない支出についても、可能な限り、証拠として提出しなければなりませんでした。また、本人だけでなく、家計をともにする夫の給与明細や夫の預金についても開示しなければなりませんでした。

さらに、夫に定期預金があることについても指摘を受け、定期預金では生活できないこと（定期預金の使い道や定期預金を直ちに解約できない事情等）についての説明（陳述書の作成）を求められました。

子どもの塾代や、食費、ガソリン代、保険料等、いろいろ聞いたうえで、資料も準備しなければならず、申立て時点で、これらの資料（陳述書も含めた）準備をするべきであったと後悔しました。

緊急性を要する申立てだからこそ、依頼者からの聞き取りも十分行ったうえで、準備も迅速に行うべきでした。

申立ての結果は？

相手方の書面にも反論し、さらに何度か追加の資料や補充書面も提出し、なんとか仮払いの命令をいただけました。

私は、賃金仮払いの仮処分についても、婚姻費用分担調停の申立てと同様、少なくとも申立て以後に到来する支給分については遡って支払い命令を出してもらえるかと安易に考えていたのですが、過去の支払いについては全て却下され、決定後に到来する給与支給日に一定額を仮に支払う旨の決定が出されました。しかも、基本給全額ではなく、支出状況から最低限生活できる範囲を裁判所で判断していました（当然賞与等を求めた点も却下されていました）。

このように、賃金仮払いの仮処分は、勝訴の見込みとの比較衡量というわけではなく、経済的な困窮度合いで判断され、かなり厳格な審査となるため、安易に賃金仮払いができると依頼者に説明するべきではなく、当該申立てをするには、相当な資料の準備に協力してもらう必要があることをしっかり説明するべきであると感じた出来事でした。

体験談２

勝負は仮処分手続で決まる

弁護士７年目　女性　労働者側

どの手続を選択するべきか

外国人の労働者から、10年以上勤務している会社から、突然、能力不足等を理由として解雇されてしまった、どうしたらいいかという相談を受けました。依頼者には子どもが３人おり、妻は４人目の子どもの出産を控えていました。依頼者には預貯金等の資産はなく、一家の唯一の収入源は依頼者の給与でした。この収入源が絶たれてしまえば、一家６人が路頭に迷うことを意味していました。

依頼者が会社から受領していた解雇予告通知書をもとに、これまでの就業実態や解雇に至る経緯などの事情を聞き取っていくと、解雇は無効であると考えられました。

まずは会社に対し内容証明を出し、解雇は無効であるので復職を求める旨を通知しました。しかし、反応はありませんでした。

そこで直ちに、地位保全仮処分と賃金仮払いの仮処分を申し立てました。このとき、労働審判を選択するという方法もありましたが、労働審判は異議申立てにより訴訟に移行する可能性があるのでかえって時間を浪費するおそれがあるほか、何の反応も示さない会社との間で話合いができるか不透明でもあったので、仮処分を選択することにしました。依頼者には、生活保護の受給手続を行うよう助言し、当面の生活費を確保しました。

仮処分の申立てを選択する場合には、労働者が経済的に困窮しているなど切迫した事情がある場合が多いので、可及的速やかに申立てを行う必要があります。一方で、仮処分は本訴の前提となることから、実際の勝負は仮処分で決するといっても過言ではありません。このことからすると、仮処分の申立ては本訴と同じだけの準備を、本訴よりも短期間の間に行わなければならないことを意味します。この時、初めて仮処分手続を経験した私は、その大変さをヒシヒシと感じていました。

勝負は仮処分手続で決まる

仮処分手続において、裁判官から解雇は無効であるとの心証が開示され、両者に対し和解が提案されました。依頼者はあくまで復職にこだわっていた一方で、会社は復職だけは受け入れられないということでしたので和解は成立しませんでした。

その後、地位保全は認められませんでしたが、賃金については請求額の満額に近い金額の仮払いを認める旨の決定が出ました。この結論はその後の本訴においても踏襲されました。本訴においては早い段階から和解が提案され、最終的には和解で解決するに至りました。まさに、勝負は仮処分で決していたのでした。

賃金の仮払いが認められると、当然のことながら、会社は決定に従って賃金を支払わなければならなくなります（ただし、仮払いの期間は、仮処分命令発令後1年間などのように、一定の期間に限定されます)。本訴で金銭の支払いによる和解が成立するとしても、その際、労働者には譲歩しなければならない理由がありませんので、必然的に和解金額は高くなります。会社側の代理人になった場合には、仮処分手続において解決することのメリットを十分説明することが重要であることも学びました。

なお、本件の余談として、労働者が生活保護を受給し、その後、訴訟手続において解決金を取得した場合、受給していた生活保護費を返還しなければなりません。労働者にはこの点を説明しておかなければトラブルになる可能性がありますので、注意が必要です。

ワンポイントアドバイス

仮処分の申立てを選択するということは、迅速性が求められていることを意味しています。一方で、仮処分の結果は、その後の本訴の結果を決するといっても過言ではありませんから、十分な主張・立証を尽くすことが不可欠です。労働者代理人は、仮処分を選択すると判断した場合には、集中的に事件に取り組む必要があります。

一方、使用者代理人は、使用者に対し的確な見通しを伝え、紛争の終局解決に向け何を優先するのかということについて慎重な検討を重ねておくことが肝心です。

編集後記

古く労働事件は、労働組合と使用者の間の集団的労働問題を扱ってきました。厚生労働省の「労働争議統計調査」によると1970年から1975年（昭和40年代後半）に集団的労働紛争の件数が年間約５千～１万件余りとピークを迎えました。しかもその多くがストライキ、サボタージュ、作業所閉鎖、業務管理等の争議行為を伴うものでした。この頃は労働組合法、とりわけ不当労働行為に関する第７条とこれに関する解釈、労働委員会の命令、裁判例を知っていれば弁護士として仕事ができたという昔話も聞きます。しかも労働問題を扱う弁護士は限られており、特殊分野という見方をされていたようです。しかし、2000年以降は、紛争全体の件数が年間約１千件前後で推移しています。しかも争議行為を伴うものはほとんどなく、労働組合の幹部ですら争議行為の経験がなく、他の組合がストライキをすると聞けば「珍しいので見学をさせてほしい」という申入れが集まるといった冗談のような話もあるくらいです。

その一方で、解雇・雇止め問題（地位確認請求事件）、残業代請求事件などが増え、労働事件といえばほとんどが個別労働関係紛争になっています。最近は、セクハラ、パワハラ、マタハラ等各種ハラスメントを理由とする損害賠償請求、メンタルヘルスに関して復職の可否（退職の有効性）をめぐる争いも目立ちます。コンプライアンス活動の一環として、ハラスメントの一掃を掲げる企業も多く、弁護士が役員や従業員の啓発を目的とする研修会に講師として招かれる機会も増えてきたのではないでしょうか。こうした傾向から労働事件を扱う弁護士にとって必要とされる知識・情報のウェイトも労働者と使用者の間の労働契約を規律する法令（と一口に言っても極めて多数にわたりますが）や裁判例にシフトしてきました。もっとも、産業別、企業別の労働組合やその組織率が減少する一方で組織率を伸ばしている合同労組が活発に活動しており、労働組合法の重要性が失われているわけではありません。

また、集団的労働紛争が盛んだった頃は、労使どちらかの立場でしか労働事件を扱わないという弁護士が多かったようですが、個別労働関係紛争が主流となった昨今は、労使いずれの立場でも労働事件を扱うという弁護士も少なくないのではないでしょうか。私もその１人ですし、編集を担当したメンバーのほとんどもそのようです。

本書はこうした背景から、解説については労使いずれの立場に偏ることなく極力客観的に記述してもらいたいとお願いしました。また、体験談については読みやすくするという観点からいずれの立場からのものかをタイトルに次いで掲げるようにしました。本書の各体験談は、守秘義務の関係で実際の事件をそのまま記載しているわけではありません。また、それぞれの弁護士の関係者に対する説明や事件処理についてもうまくいったものばかりを掲載しているわけではありません。成功体験については類似ケースに遭遇した際の参考にしていただき、ヒヤリ体験については「転ばぬ先の杖」とするため意識していただければと思います。労働事件に限らず、個別事件を扱う弁護士にとって経験から学ぶことは大きいといえます。そういう意味で本書がお役に立てば幸いです。

本書全体を通じて発信できればよいと考えていた、労働関係において弁護士の果たすべき役割について提言をします。最高裁の統計によれば、地方裁判所における労働事件新受件数（通常訴訟、仮処分、労働審判）も1990年は僅か１千件程度でしたが、労働審判制度が開始された2006年以降大幅に増え、約７千件代にまで伸びているようです。しかし、世界、特にヨーロッパに目を向けると、ドイツ、スペインが年間40万件ベース、フランス、イタリア、イギリスが年間10万件ベース（ただし、イギリスでは制度改正により行政への申立てが大幅に増えたようです）という水準ですので、日本の裁判所の労働事件は圧倒的に少ないといえます。平穏な関係を煽って敢えて事件にすることは慎むべきですが、日本には眠っている労働事件がまだまだあります。なぜ事件が眠っているのでしょうか。労働者の権利意識が高まっているとはいえ、日本では声を出して職場の問題について指摘することは難しいという風潮が未だにあるからではないでしょうか。そこで、労働者側に立つことの多い弁護士には、労働者に労働法に関する知恵、声をあげる勇気を与え、立ち上がろうとする人に力を貸していただきたいと思います。使用者側に立つことが多い弁護士には、企業の労働環境に関する問題点を発見するための機会を得、問題点を発見したときは企業の自浄作用を高めるための助言を率直にしていただきたいと思います。従業員に支えられてこその企業ですから、企業の生産性を高める鍵は良好な労働環境の整備にあります。経営者の信頼を得て、望ましい従業員、労働組合との関係構築について臆することなく意見をしていただきたいと思います。そのためには、法令改正ほか労働問題に関する報道、情報にもアンテナをはり、法律家であると否とを問わず賢者の話に多くふれる努力をするなど絶え間ない研鑽が必要だと考えます。

最後に、各執筆の先生方、並びに親和全期会代表幹事弁護士楠本維大先生、執筆のほか私と同じく編集を担当した吉川愛先生、堀川裕美先生、余吾哲哉先生、正木順子先生、そして第一法規株式会社池田将司氏、及び宗正人氏、河田愛氏、その他の関係者の方々、皆様のご尽力で本書を刊行できたことを大変嬉しく思います。この場をお借りして厚く御礼申し上げます。

平成31年１月

編集代表

弁護士　　吉岡　剛

執筆者一覧（五十音順）

編集代表・執筆

吉岡　剛　　弁護士（59期・東京弁護士会）／奥野総合法律事務所・外国法共同事業

編集・執筆

堀川裕美　　弁護士（60期・東京弁護士会）／日比谷見附法律事務所

正木順子　　弁護士（64期・東京弁護士会）／銀座プライム法律事務所

余吾哲哉　　弁護士（60期・東京弁護士会）／余吾法律事務所

吉川　愛　　弁護士（57期・東京弁護士会）／赤坂見附総合法律会計事務所

編集協力

楠本維大　　弁護士（56期・東京弁護士会）／楠本法律事務所

執筆

鵜之沢大地　　弁護士（63期・東京弁護士会）／坂井・鵜之沢・前田法律事務所

遠藤温子　　弁護士（65期・東京弁護士会）／あみた綜合法律事務所

吉川樹士　　弁護士（64期・東京弁護士会）／東京アライズ法律事務所

坂巻吉輝　　弁護士（67期・東京弁護士会）／坂巻酒井綜合法律事務所

田中公悟　　弁護士（60期・東京弁護士会）／奥野総合法律事務所・外国法共同事業

中西洋平　　弁護士（66期・東京弁護士会）／弁護士法人　廣澤法律事務所

本澤陽一　　弁護士（64期・東京弁護士会）／弁護士法人　エルティ総合法律事務所

宮田直紀　　弁護士（65期・東京弁護士会）／あみた綜合法律事務所

山本和広　　弁護士（65期・東京弁護士会）／日比谷見附法律事務所

余頃桂介　　弁護士（60期・東京弁護士会）／表参道総合法律事務所

サービス・インフォメーション

通話無料

①商品に関するご照会・お申込みのご依頼
TEL 0120(203)694／FAX 0120(302)640
②ご住所・ご名義等各種変更のご連絡
TEL 0120(203)696／FAX 0120(202)974
③請求・お支払いに関するご照会・ご要望
TEL 0120(203)695／FAX 0120(202)973

●フリーダイヤル(TEL)の受付時間は、土・日・祝日を除く9:00〜17:30です。
●FAXは24時間受け付けておりますので、あわせてご利用ください。

こんなところでつまずかない！
労働事件21のメソッド

平成31年2月15日　初版発行

編　著　東京弁護士会 親和全期会

発行者　田　中　英　弥

発行所　第一法規株式会社
〒107-8560　東京都港区南青山2-11-17
ホームページ　http://www.daiichihoki.co.jp/

デザイン　中村圭介・堀内宏臣
(ナカムラグラフ)

労働事件21　ISBN 978-4-474-06571-0　C3032 (4)